幣立神宮の神宝、五色神面。超古代、人類は日本列島で生まれ、五色の人種に分かれ世界中に散っていったのだという。

超古代の記憶を伝える謎の遺物たち……。

『竹内文書』によれば、皇祖皇太神宮は最初、位山（ピラミッド）に築かれ、のちに越中富山に、明治期には茨城県へと移った。写真は越中富山の皇祖皇太神宮。

日本神話の荒ぶる英雄、スサノヲ。出身も含め謎の多いこの神は超古代においても桁違いのスケールで世界を駆けめぐっていた。

四国・徳島県の剣山近くには、栗枝渡（クリシト＝キリスト）八幡という神社がある。剣山には古代ユダヤ・ソロモン王の秘宝が埋まっているといわれるが、この神社もそれと関係があるのだろうか。

日本神話と神社に隠された、真の歴史を探る!

オオクニヌシと因幡のシロウサギ。出雲大社でおなじみのオオクニヌシだが、その実態は古代日本の支配者だったのだ。

日本列島を創成したイザナギ・イザナミと、天皇家の祖神アマテラス。日本神話には数多くの超古代の謎が隠されている（やよい文庫蔵）。

中東風のかぶりものをした若者たちに護られて、「一つ物」と呼ばれる男の子が入場する一つ物神事。イエス・キリスト誕生の祭りだともいわれている。

美しい稜線を見せる、福島県の千貫森ピラミッド。周辺はまた、ＵＦＯがさかんに出没することでも知られている。

『竹内文書』と出会い、その研究に没頭することによって、「キリストは日本で死んでいた」という衝撃の説を世界で最初に発表した山根キク子。

昭和初期、広島県の葦嶽山を調査する酒井勝軍一行。このとき酒井は、日本最初の「ピラミッド」を発見することになる。

太古、ピラミッドは日本で生まれた!

富士山の麓に、神農(しんのう)によって築かれた超古代都市があったと告げる『富士宮下文書』。そこには衝撃的な日本列島の歴史が記されていた。

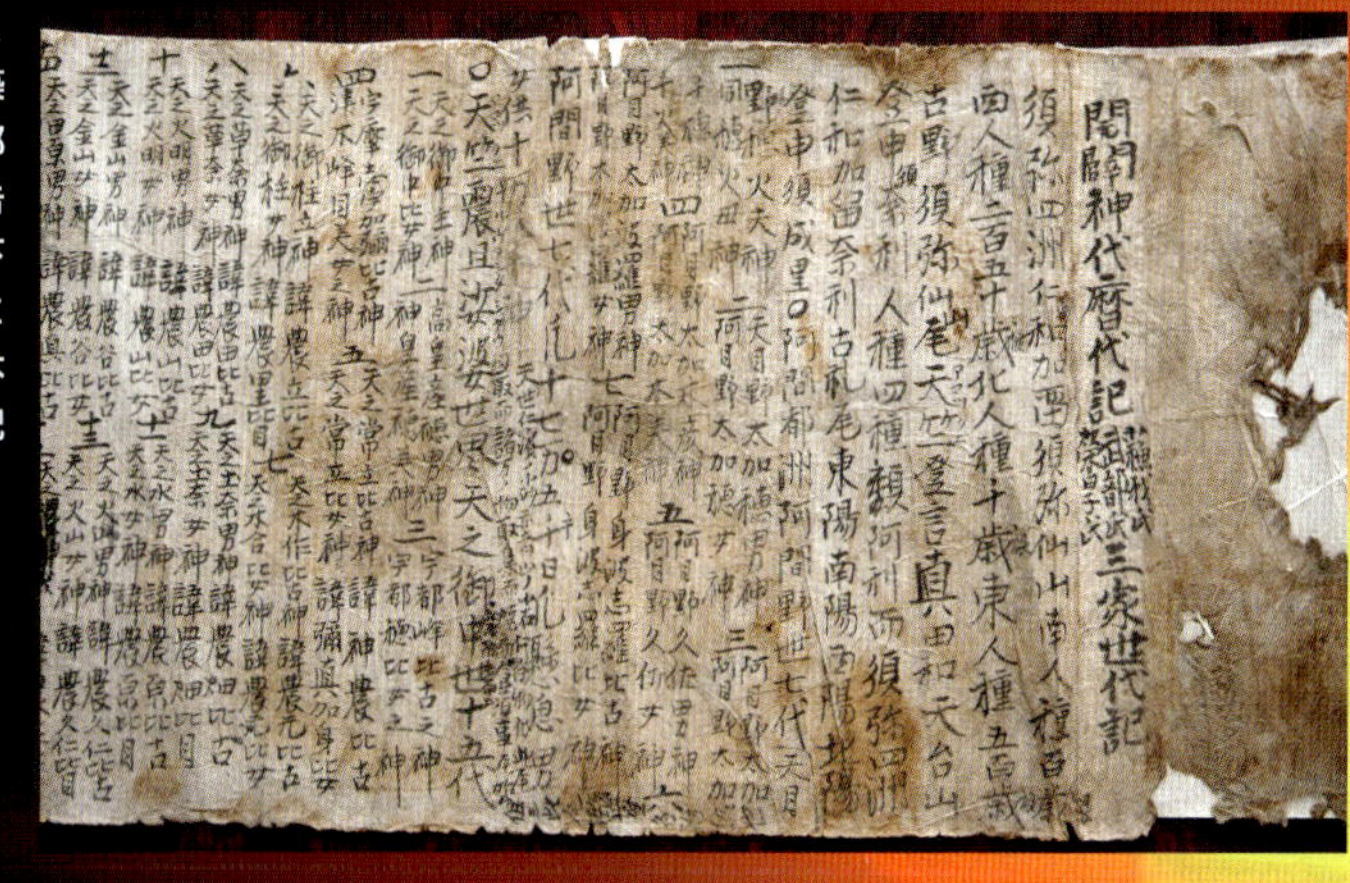

神代文字によって記された『九鬼(くかみ)文書』。正史には書かれていない、ユーラシア大陸におけるスサノヲの活躍を詳細に伝えている。

その名の通り、鋭角的な山容を見せる尖山(とがりやま)ピラミッド（富山県）。超古代、日本のピラミッドはそれぞれが大地エネルギーのネットワークで結ばれていたという。

岡山県には温羅(うら)という鬼が住んだ、鬼ノ城という巨石遺構が今もある。写真はその鬼ノ城の近くにある、鬼の差し上げ岩。温羅の「手形」が残る。

悠久の時を見つめつづけてきた、謎の巨石遺跡！

六甲山中の巨石遺跡。ここにはかつて「カタカムナ」という超古代文明があり、「アシアトウアン」なる人物が王として君臨していたという。

兵庫県高砂市の生石（おうしこ）神社境内にある石の宝殿。高さ６メートル近い巨大な岩の塊が、岩盤から直接、切りだされている。神々により巨大な石の御殿がつくられようとした、その名残だといわれている。

九州高千穂にある「高天原遙拝所」の石碑。天孫降臨後、諸神がこの地に集まって、高天原を遙拝（遠くから拝むこと）したと伝えられる。

京都・貴船神社境内にある船形石。その昔、玉依姫が乗ってきた船が石になったものだといわれている。じつは超古代の「飛行船」には、後に岩や石になるケースが多いのだ。

これが超古代文明の実在を告げる物的証拠だ！

皇祖皇太神宮に伝わる超古代の金属「ヒヒイロカネ」。錆びず、腐らず、永遠の輝きを維持する謎の金属だという（写真＝八幡書店）。

これも皇祖皇太神宮に伝わる神宝と、そこに刻まれた神代文字（写真＝八幡書店）。

表十戒石と呼ばれる皇祖皇太神宮の神宝。書かれているのは、イスラエル人に対する神の戒め、十戒だ。また３か所に穴があいており、それぞれがつながっている（写真＝八幡書店）。

失われた日本の
超古代文明
FILE

編集製作：中村友紀夫
デザイン：アトリエ遊
DTP制作：エストール

もくじ

第三章 超古代史と神社の謎

第六章
超古代日本ピラミッド文明の謎……157

第一章

日本神話に隠された謎

神話に隠された超古代史の真実

『古事記』『日本書紀』では、日本という国の歴史は神話世界からはじめられる。

神々と世界の誕生、国土の創成、そして地上世界への降臨という神々の物語が語られ、そのうえで神々の子孫（すなわち天皇家）が地上世界のトップとなり、日本列島を支配するという道筋が告げられる。

要するに日本神話は、天皇家が日本という国の支配者としていかに正当なのかという壮大な説明ともいえる。

しかしながらその一方で、神話には彼ら歴史の語り部たちが隠蔽（いんぺい）しようとした「事実」も含まれている。

たとえばある民族が他の民族に征服されたとしよう。征服された民族にも神話があり、それまでの歴史はあったはずだ。しかしそれは新たな「国」のなかでは、歴史の最下層に埋没させられてしまう。

征服した民族は、征服された民族を支配する正当性を得るために、歴史の書き換えを行うのが常だからだ。

だが、ここが肝心なのだが、被征服者の

歴史が完全に消去されてしまうわけではない。「国」は滅びても人間が滅びることはないからだ。当然、「国」の記憶は残るし、神話も残る。そこでトラブルを最小にし、対立が起こるのを未然に防ぐために、神話の書き換えやすり替えが行われるのである。

具体的にいうと、過去にあった激しい戦いは、話し合いによって平和的に解決したと歴史を変える。あるいは、もともと敵対関係にあった者どうしを、祖先を同一にする親族関係だったとする。王に仕えているのは戦いに敗れたからではなく、遠い昔からもともと王の家臣だったのだ、と。

辞書によれば神話とは、「現実の生活とそれをとりまく世界の事物の起源や存在論的な意味を象徴的に説く説話」(『広辞苑』)だという。なぜそれがそこにあるのか、なぜ世界はこうなっているのか——それを説くのが神話なのだ。それなら神話を知ることで日本人が世界をどうとらえ、どのように解釈してきたのかもわかる。

そのとき、権力者が保とうとした整合性のほころびを、注意深く見つけることが重要となる。神話を読むことは、そのほころびから「意図」を読み取り、本当の歴史を知ることでもあるわけだ。古代どころか、超古代の歴史や記憶であっても、必ず「歴史書」の行間に埋もれているのである。

まずはそれを、注意深く読み解いていくことからはじめよう。

オノゴロ島神話のルーツ

日本列島はクラゲからできた？

『古事記』の冒頭には、天地が初めてひらけたときの記述として、次のようにある。

「国稚くし浮きし脂のごとくして、海月なす漂へる時……」

　国のはじめのときには、まるで脂のようで、クラゲのように漂っていたというのだ。だが、国土の始まりを海の生物にたとえるというのは、ポリネシアやミクロネシアなど、太平洋の海洋民族のあいだでは一般的なことだった。

　マオイ族の神話では、英雄が兄弟と船で魚釣りに出かけ、魔法の釣り針で釣りあげた魚が陸地になったというし、サモアやトンガになると、人間ではなく神がこの魚を釣りあげたことになっている。

　また日本神話では、イザナギ・イザナミの両神が天沼矛を下界に降ろし、最初の国土であるオノゴロ島を創成している。これは魚とは異なるようだが、もともとはイザナギが矛で魚の形をした島を突き刺した話が、矛によって攪拌された話にすりかわったのではないかという指摘もあるくらいだ。

　さらに、日本列島内では沖縄にも似たような神話がいくつかある。それによると、最初の日の神が下界を覗くと、島のようなものがあった。そこでアマミキョとシネリキョの神を天降らせ、多くの島をつくらせたという。

また別の神話では、天帝に命じられたアマミクという神が土石や草木を海中に投げ入れて、たくさんの島をつくっている。こちらは矛ではなく土石だが、海中を攪拌して陸地をつくるというモチーフは同じなのだ。

いずれにしても、国土形成の神話は日本独自のものではなく、環太平洋の海洋民族によってもたらされた可能性が高い。

天の沼矛で下界をかきまわして、陸地（日本列島）をつくるイザナギとイザナミ（やよい文庫蔵）。

イザナギ・イザナミとギリシア神話

ユーラシアの東西に見る奇妙な神話の類似

黄泉の国のルール？

日本と遠く離れたギリシアの神話と日本神話が、よく似ているという指摘は古くから行われてきた。いったいこれは何を意味しているのか、詳しく見ていくことにしよう。

まずは前項で触れた、日本の国土創成神であるイザナギとイザナミにまつわる話からだ。

彼らが多くの国を産み、地上に多くの神があふれるようになったそのあとのことだ。

妻神のイザナミはあるとき、火の神を産んだことでひどい火傷をおい、それが原因で死んでしまう。死者の魂は黄泉の国へ行くことになっているので、イザナギはなんとかしてイザナミを連れ戻そうと、生きながらにして黄泉の国を訪れるのだ。

ところがイザナギと再会したイザナミは、「自分はこの国の食べ物を食べてしまったので、もう戻れない」と告げる。

じつはこれとそっくりな話が、遠いヨーロッパのギリシア神話にも登場する。

あるときペルセポネ（ゼウスとデメテルの娘）は、冥界の王ハデスにさらわれて、強引に妻にされてしまう。

ゼウスは最初、冥界の王が相手なら娘の夫にふさわしいと放っておいたが、激しい妻の抗議にヘルメスを冥界に遣わし、ペルセポネを解放するようハデスに伝えた。

ハデスはなんとしてもペルセポネを帰したくない。そこで一計を案じ、冥界のザクロの実を六粒、彼女に食べさせてしまうのだ。

冥界の食物を口にした者は以後、冥界に属さなければならないという神の取り決めがあった。そのためにペルセポネは、食べてしまったザクロの数だけ（六粒で六か月、つまり一年の半分）を冥界で暮らさなければならなくなった。

ちなみにこれが、冬の始まりになったのだとギリシア神話は告げている。

日本神話では、イザナミが何を食べたのか

冥界の王ハデスに誘拐されるペルセポネ。その後、彼女は冥界のザクロを口にしてしまう。

は記されていない。しかし、どちらも冥界の食べ物を口にすると死者の世界から出ることができなくなるという、共通モチーフをもっているのである。

ほかにもある。

イザナミが「一緒に帰れるかどうか相談してくるので、ここへ戻ってくるまでは絶対に私を見てはいけない」といって神殿へ向かうと、待ちきれなくなったイザナギは、こっそりと神殿を覗いてしまう。

たしかにそこにはイザナミがいた。

しかし――。

イザナミの身体はすでに腐っていた。ショックを受けたイザナギに気づいたイザナミは、約束を破ったことに怒り、イザナギを激しく追いかける。こうしてイザナギは、ひとりで地上世界へ逃げ帰ることになる。

ギリシア神話の場合――これはペルセポネの逸話ではないのだが――毒蛇にかまれて死んでしまった妻エウリュディケを追って死者の国へ行ったオルフェウスが、条件つきで彼女を生き返らせることを許されている。

それは地上世界へ戻るまで、決して振り返って後ろにいる妻を見てはならないというものだった。そして彼もまた約束を破ってしまい、ひとりで地上に帰ったのだ。

ギリシアのアマテラス？

天照大神（アマテラス）と弟神・須佐之男（スサノヲ）の物語もそうだ。

サスノヲはひどい暴れ者で、田をうちこわし、神殿を汚すといった悪業を繰り返したの

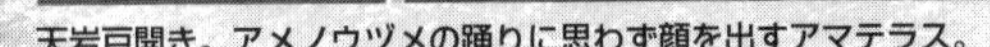

天岩戸開き。アメノウヅメの踊りに思わず顔を出すアマテラス。

で、アマテラスは岩屋に閉じこもってしまう。そのため、世界は闇に覆われてしまった。有名な天の岩戸隠れである。

そこで岩戸の前でアメノウズメという女神が裸で踊り、神々は大笑いをした。その声に誘われたアマテラスは、思わず岩戸から顔を覗かせるのだ。

ギリシア神話では、ペルセポネをさらわれたデメテルは、悲しみのあまりエウレシスという地を訪れる。そこでケレオスという王からもてなしを受けるが、デメテルは食事を口にしようとはしなかった。そこでケレオスの侍女が裸踊りをしてデメテルを喜ばせると、ようやく彼女は食事を摂（と）ったのだ。

天の岩戸隠れにそっくりなシーンだが、話はまだ終わらない。彼女はそのあと、弟である海神ポセイドンにイタズラをされ、本当に岩屋にとじこもってしまうのである。

ちなみにスサノオもポセイドンも、ともに海の支配者である。

日本神話と『聖書』の一致

日本神話との類似が見られるのはギリシア神話だけではない。日本とユダヤの関係を研究しているヨセフ・アイデルバーグによれば、『古事記』『日本書紀』の神話には、イスラエルの宗教――つまりユダヤ教――の影響も強く見られるのだという。

たとえば天孫降臨では、神の子孫が地上に降り、やがて東国を征服するために旅に出る。神武天皇による東征伝説だが、『聖書』でもイスラエル民族は神の子であると述べられており、彼らも約束の地を征服するために旅に出ている。このときに敵対した相手は、日本神話では「エミシ」、『聖書』では「エブシ」――訛りや時代を考慮すれば、ほぼ同じ名前の相手といっていい。

スサノヲは後に「牛頭(ごず)天王」とも呼ばれ、人身牛頭の荒ぶる神とされているが、この神は姿も性格も中近東の神バアルにきわめてよく似ている。そしてアマテラスも、中近東の女神アシュタロテによく似ているのである。

さらに、日本神話で天孫族が手にいれた土地は「葦原(あしはら)の中国(なかつくに)」と呼ばれたが、イスラエル民族が手にした約束の地「カナン」は、ヘブル・アラム語で「葦原」を意味している。

第十代崇神(すじん)天皇と古代イスラエルのダビデ王、ふたりの記述がそっくりだという指摘も

ダビデ王の息子、ソロモンが建てた神殿の復元模型。

ある。崇神天皇の治世には三年間の悪疫が続き、人口の半分が死んでいるが、ダビデ王の治世にも三年間の飢饉（ききん）と悪疫で七万の人が死んだ。その後、両者ともに神に願いを立て、人口の調査を行っているのだ。

そして崇神天皇の息子の垂仁（すいにん）天皇は天皇家の祖先神を祀る伊勢神宮を建てたが、ダビデ王の息子のソロモン王もエルサレムに最初の神殿を建てているのだ。

と、ざっと見ただけでも、これだけの類似がある。これはどう考えるべきなのか。もっとも単純なのは、天皇家の祖先が西、つまりユーラシア大陸からやってきた可能性である。彼らのルーツが西にあったなら、ギリシア神話の影響を受けるのも、ユダヤの影響を受けるのも、逆に当然のことだからだ。

スサノヲの故郷はどこか？

ヤマタノオロチと自然災害の関係とは？

スサノヲは暴風雨の神？

スサノヲは、とても不思議な神だ。

この神は、黄泉の国から逃げ帰ったイザナギが禊（みそぎ）をしたとき、アマテラス、ツクヨミとともに生まれたとされる（それゆえ「三貴子」と呼ばれる）のだが、どういうわけか日本神話のなかではすこぶる立場が悪い。

皇祖神アマテラスの弟神でありながら、大切な田の畔（あぜ）を壊したり、アマテラスが食事をする御殿に糞尿を撒き散らしたり、さらには機織場に馬の皮を剥（は）いでほうりこんだりという乱暴狼藉を働く「悪神」として描かれているからだ。

もちろん、この記述をそのまま受け取るわけにはいかない。

「田の畔を壊す」「汚れを撒き散らす」「馬をほうりなげる」というのは、要するに巨大な力による災い、つまり暴風雨による自然災害を意味しているからだ。つまりスサノオとは本来、人間社会に対する災害、天災を象徴した神ではないかと推測されるのである。

そうだとすれば、彼の暴力に怒った太陽神アマテラスが、岩戸に隠れてしまったのも当

ヤマタノオロチと戦うスサノヲ。右上にいるのはアマテラスだ。

然ということになる。暴風雨が起これば、太陽は隠れて見えなくなるからである。

ところが、こうした悪業で天界から追放されたスサノヲは、出雲に降り、ここで八つの頭をもつ怪物ヤマタノオロチを退治する。悪神から善神への大転換が起こるわけだが、ヤマタノオロチもまた出雲地方の斐伊(ひい)川の氾濫、つまり水害の象徴なのである。

これを素直に読めば、スサノオは（移住先の）出雲で、人々を悩ます川の治水に成功した、という話になるわけだ。

さまざまなスサノヲの顔

こうした転換が起こったのは、じつはスサノヲが、高度な治水技術をもった移住民族の神だったからなのかもしれない。

実際、スサノオについては、もともと日本の神ではなかったという説もある。

『日本書紀』には、「一書の説」として高天原追放後のスサノオについて、こんなエピソードが紹介されている。

「このとき、素戔嗚尊はその子の五十猛神を率いて新羅国に降り立ち、曾尸茂梨というところに着いた。そして言葉に出して、『この地には私はいたくない』といって、粘土で舟をつくり、乗って東に渡り、出雲国の簸川の川上にある鳥上之峯に着いた」

「素戔嗚尊が、『韓郷の島には金銀がある。我が子の治める国に浮宝がないというのは良くないだろう』といって、髯を抜いて放つと杉の木になった」

「新羅国」というのは朝鮮半島の新羅であり、「曾尸茂梨」も朝鮮語で王都を意味する「ソホル」と同語らしい。つまりスサノオは出雲に降る前に朝鮮半島に現れ、そこから船で、出雲へとやってきたということになる。

また『備後国風土記』の逸文では、スサノオは蕃神（異国の神）である牛頭天王（武塔神）と同一視され、疫病をもたらす神とされている。疫病神というのは必ずしも悪い意味だけではなく、災厄をもたらすのは外国からやってくる蕃神であるという当時の思想によるもので、きちんと祀ればそれは、災厄を遠ざけてくれる存在にもなる。

たとえば京都の八坂神社（祇園社）は、もともとは渡来人系の八坂氏の氏神を祀っていたようだが、社伝によれば斉明天皇二（六五六）年に、高句麗系渡来人が新羅の牛頭山の

八坂神社の牛祭り。中央の面が異形の神であり、スサノヲである。

スサノヲを祀り、「八坂造」という姓を賜ったのに始まるといわれている。

このスサノオが牛頭天王と同一視され、習合したことで、八坂神社は牛頭天王で有名になった。牛頭天王は仏教の守護神であり、「祇園」という言葉も祇園精舎からきているから、神道と仏教の混交である。八坂神社という名前にしても、明治元年に「感神院祇園社」から改められたもので、もともとはかなり異国的色合いの濃い神社だったのだ。

有名な祇園祭りも、貞観十一（八六九）年に疫病が流行し、それを鎮めるために行われた御霊会をルーツとし、やがて祭礼となったものだ。つまりこれはスサノオを祀り、疫病を鎮めるための祭りだったのである。かようにスサノヲの力はいまだ大きいのだ。

国譲り神話と出雲

出雲をめぐる壮絶な戦いがあった!?

国をつくったオオクニヌシ

日本神話を記録した書物というと、『古事記』と『日本書紀』がよく知られているが、じつは『出雲国風土記』に描かれた出雲地方の神話は、それとは少々異なる――むしろ古い――歴史と背景をもつとされている。

その神話の中心にいるのが、出雲の王オオクニヌシだ。

この神は出雲大社の祭神であり、縁結びの神として知られている。また、医療の神、農業の神としての信仰も篤く、後には仏教の大黒天とも混同された。

しかし、その一方でオオクニヌシは、スサノヲの子孫でもある。つまり、アマテラスの子孫である天皇家とは親類関係にある。いや、むしろ「同格の王家」といってもいいほどの存在なのである。

では、実際のところオオクニヌシとは何者なのか？　『古事記』や『日本書紀』では、日本の国土をつくりあげた葦原(あしはら)の中国(なかつくに)の王とされている。つまり、アマテラスの子孫が日本列島に降りてくるまでは、実質的な地上世界の盟主だったということなのだ。

こうした記述を読み解けば、そこに両家による古代の壮絶な覇権争いがあったらしいことは明白となる。

記紀では、アマテラスは天孫降臨にあたり、前もって地上世界の「荒れすさぶ神」を武神の力で平定させようとしている。地上の王はオオクニヌシだから、これはクニヌシだから、これはアマテラスが、オオクニヌシの領土を奪おうと宣戦布告をしたということになる。

ところが――。

最初に遣わされた神は、オオクニヌシに恭順してしまい、三年たってもいっこうに帰ってこなかったのである。

出雲軍、大和軍に敗れる！

次に送られた神はオオクニヌシの娘と結婚し、地上の王になろうとする。負けたとは書

オオクニヌシ（右）と因幡のシロウサギ（左）の像。オオクニヌシは地上世界の支配者だった。

かれていないが、アマテラス軍は二度にわたり、オオクニヌシ軍に敗北したらしい。

そこでアマテラスは、高天原最強の武神を送りこむことにした。

それが天鳥船（あめのとりふね）を従えたタケミカヅチだった。この神はオオクニヌシに国を譲るように直談判を行うが、オオクニヌシは即答を拒否。ふたりの息子が帰るのを待ち、彼らに返事をさせるといった。

息子のひとり、コトシロヌシはあっさりと国を譲ると答えたが、タケミナカタは力比べで決めようとタケミカヅチに提案する。つまり、戦いを挑んだということだ。その結果タケミナカタは、タケミカヅチの剛力によって腕をもがれてしまうのだ。恐れおののいたタケミナカタは逃げだすが、信濃国の州羽（すわ）の海（諏訪湖）に追いつめられ、二度とこの地から出ないと誓いを立てて許されるのだった（これが諏訪大社の起こりとなる）。

息子たちの敗北を確認したオオクニヌシは、天に届くような壮大な御殿を建て、そこに隠遁することを約束（この社が出雲大社になる）。こうして地上世界はついに、アマテラスのものとなったのである。

この物語を素直に読めば、書かれていることは明確だ。

そう、地上（日本列島）の支配者だったオオクニヌシ軍（出雲王朝）が、アマテラスの系譜の天皇家軍（大和朝廷軍）の侵攻にあい、敗北したのである。

もっとはっきりいえば、古代国家どうしによる覇権争いだ。当時の大和朝廷軍にとって

右からタケミカヅチ、フツヌシ、コトシロヌシ。国譲りの一シーンだ（やよい文庫蔵）。

出雲王朝は「地上世界の中心」であり、征服する価値のある一大国家だったのである。

実際、出雲の荒神谷（こうじんだに）遺跡からは大量の銅剣が出土（一九八四年）するなどしており、この地方に大和に対抗するだけの高度な文化圏が成立していた可能性は高い。

ちなみに出雲大社の社殿は、日本の木造建築物のなかではケタ違いのサイズを誇っていたことがわかっている。一七四四年の建造である現在の建物でも高さ約二十四メートルという大きさだが、社伝によると建設当初はその四倍、百メートル近い超高層建造物だったとされているのだ。

よくいえば、オオクニヌシを天――高天原――に近づけたものかもしれないし、脱出不可能な幽閉施設にも思えるのである。

オオクニヌシとオオモノヌシ
古代の国づくりの協力者がいた!?

三輪山の神との同盟

大和朝廷以前の日本列島（出雲）に君臨していた王オオクニヌシ。神話を読むと、この王に協力した神（国）もいたようだ。それも大和朝廷軍のすぐお膝下に、である。

『古事記』によればオオクニヌシは、カミムスビの子であるスクナヒコナという神とともに国をつくっていた。

ところが間もなくスクナヒコナはひとり常世（とこよ）の国へ渡ってしまい、オオクニヌシは、こういって嘆く。

「私ひとりで、どのようにしてこの国をつくっていけばいいのだ？　どの神と一緒にやれば、この国をつくっていけるのだ？」

これは、オオクニヌシには協力する王がいたという暗喩（あんゆ）だろう。しかしその協力者であるスクナヒコナは「常世（とこよ）の国＝冥界（めいかい）」へと旅だってしまったのだ。

すると、海を照らしながらやってきた神がこういった。

「私を祀れば、きっとあなたもうまくいくだろう」

新たな協力者であるその神は、「大和の国

奈良の三輪(みわ)山。この山の神オオモノヌシは、オオクニヌシの協力者だった？

の周囲を青垣のようにめぐっている山の東の山上に祀れ」といった。こうしてこの神は、御諸山(みもろやま)の上に坐すようになったという。

御諸山というのは、奈良県桜井市にある三輪(みわ)山のことだ。つまり三輪山を御神体とする大神(おおみわ)神社は、オオクニヌシと同盟を結んだ神を祀っているわけだ。

大和朝廷発祥の地とされている場所（桜井市纏向(まきむく)遺跡）は、まさにこの三輪山の麓にあるが、三輪山信仰はかなり古いものなので、おそらく発祥直後の大和朝廷もこの三輪山の神を崇拝し、祭祀していたはずだ。

問題は、この三輪山の神の正体だ。

『延喜式』によれば、三輪山は「大神大物主神社」とあるから、祭神は大物主（オオモノヌシ）ということになる。

名前がオオクニヌシとよく似ていることも興味深いのだが、なぜかオオモノヌシは天つ神（高天原系の神）ではなく、ランクの低い国つ神とされている。最初に書いたようにオオモノヌシがオオクニヌシと共闘関係にあったとのだとしたら、オオモノヌシは反大和勢力のひとつだった可能性がある。

山に籠もったオオモノヌシ

ところで、三輪山の神についてはある有名な伝説がある。

疫病の流行平癒をきっかけに、三輪山の神であるオオモノヌシと、ヤマトトトヒモモソヒメが結婚したという話だ。

ところがオオモノヌシは、闇にまぎれて毎晩、姫の家に通ってくるだけで、決して自分の姿を見せようとはしない。そこであるとき姫は、ついに意を決してオオモノヌシに、あなたの正体が知りたいと懇願した。するとオオモノヌシは、明日の朝、自分は姫の櫛（くし）を入れる小箱のなかにいるからそれを見るように、と告げたのだ。

そして朝、姫が小箱を覗くと、なかにはなんと一匹の蛇がいたのだ。姫が驚くと、オオモノヌシはバカにされたと怒り、山に帰ってしまった。

これを恥じた姫が思わずしりもちをつくと、たまたまそこにあった箸がホト（女陰）を突いて、彼女はあっさりと死んでしまう。その姫を埋葬したのが、三輪山の麓にある箸墓だというのである。

箸墓といえば、日本最古の前方後円墳であ

る可能性を指摘される古墳だ。

また、邪馬台国畿内説では、卑弥呼(ひみこ)の墓ではないかともいわれている。

邪馬台国が大和朝廷とどのような関係にあったのか、現状ではまだ答えは出ていないが、ここにも重要なヒントが隠されているようだ。

つまり、三輪山の神であるオオモノヌシが怒って山に籠もった(隠れた)あとに誕生した前方後円墳は、やがて大きく発展し、大和朝廷のシンボルともなった。

そう考えるとそこには、オオモノヌシから大和朝廷への主権・覇権の大移動があったというストーリーを読み取ることができるのではないだろうか。

三輪山の神は、大和朝廷発祥の秘密を、見つめつづけてきた神なのである。

三輪山の近くにある箸墓(はしはか)。ヤマトトトヒモモソヒメの墓だというが、日本最初期の前方後円墳でもある。

天孫降臨神話の謎
「日向の高千穂」とはどこなのか？

天孫降臨とは、アマテラスの命を受けたニニギノミコトが、高天原から日向の高千穂に天降ったという神話のことだ。このニニギが天皇家の祖となるわけで、それはつまり天皇が日本列島を支配することの正統性を表す根っこの話にもなっている。

この天孫が降臨したとされる場所、つまり「日向の高千穂」がどこかという議論は、昔から行われてきた。

代表的なのは、日向国（現在の宮崎県）臼杵郡の高千穂と、同じ日向国諸県郡の霧島山だ。というのも記紀では、「日向の高千穂のクシフルタケ」「日向のソの高千穂峯」「日向のクシヒ高千穂峯」「日向のソの高千穂のクシヒ二上峰」「日向のソの高千穂添山峯」などさまざまな表記があり、必ずしも高千穂峯が特定の地名や山を指すものとは思えないからだ。

いいや、「高千穂」とあるのだから、日向国の高千穂で確定だろうと思うのは、少し早計にすぎる。

というのも天孫降臨とは、もともとは稲の収穫祭である新嘗祭の起源を説明するものであり、「高千穂へ降臨」したというのは、「豊

天孫降臨。日向の高千穂とは、いったいどこだったのか？（やよい文庫蔵）

かに実る稲穂の上に降りた」ということの比喩にすぎないという指摘もあるからだ。

その意味では、「高千穂」という言葉に執着する必要はないのである。

そういうことで、天孫降臨の地については、いまだ正確な場所は確定されていない。その比定地もさまざまで、北九州、富山、岐阜、富士山、仙台、秋田、はては日本列島以外のユーラシア大陸まで、じつにさまざまな場所が提案されているのだ。

本書のなかでもこれから、「古史古伝」が主張する、高千穂以外のいくつかの「天孫降臨の地」が紹介されていくことになる。

それらの土地は、超古代都市にかかわる重要なファクターとなるので、注意深く見ていくことにしたい。

鹿島と香取が秘めた古代史

最強の武神がなぜ東国に置かれたのか？

並び立つ鹿島と香取

鹿島神宮と香取神宮。両神宮が鎮座するのは茨城県と千葉県だが、実際には両社はほぼ対峙している。昔はおそらく、霞ヶ浦という巨大な内海から外海へ出ていく関門のような位置関係で向かい合っていたはずだ。

しかも、両社そろって「神宮」である。これはなんとも不思議なことだ。

というのも「神宮」というのは、伊勢神宮を筆頭に、きわめて社格の高い神社にのみ与えられた称号だからである。いや、もともと神宮といえば伊勢しかなかった。にもかかわらず、『延喜式(えんぎしき)』の「神名帳(しんめいちょう)」で他に「神宮」と明記されているのは、全国でもこの鹿島・香取両社だけなのである。

両神宮が建つ場所は、当時は東国の果てであり、都からは遠い辺境の地だったはずだ。それなのになぜ、ここに日本に三つしかなかった神宮のうちのふたつが、それも顔をつきあわせるように並んでいるのだろう。

鹿島神宮の主祭神はタケミカヅチ、香取神宮の主祭神はフツヌシで、いずれも『日本書紀』に登場する古い神だ。彼らの活躍については国譲り神話の項（二十四ページ参照）で紹介したので詳しくは書かないが、簡単にいえば、アマテラスの子孫である天孫＝天皇家が天降りするのに先立ち、武力をもってオオクニヌシ軍と戦い、地上の支配権を収奪した神々である。

まさに、天皇家による地上支配の礎を気づいた功労神といっていい。であれば、神宮と名前がつくのも当然なのか？

ところがそうなると、謎はまた深まる。

それほどの功労神がなぜ東国の地に祀られたのか？　そのあたりの事情は、『古事記』にも『日本書紀』にも書かれていない。唯一、『常陸国風土記』で、こう説明されている。

「大化五（六四九）年、中臣氏らがこの地域に一郡を立てた。そこにあった天大神社、坂

タケミカヅチを祀る鹿島神宮。この神の本当の正体とはいったい何なのだろうか。

戸社、沼尾社の三処を合わせて『香島の天の大神』といい、郡名もそれによって香島郡と名づけられた。香島の大天神は、昔、国土に天孫が降臨するのに先立って降った神で、高天原での宮居を日香島宮といい、国土での名を豊香島宮といった。…(略)…天智天皇のとき初めて中央から人が派遣され、神宮が造営された」

藤原氏との結びつき

中臣氏がここを本拠地としたとき、そこにはすでに、三つの社があった。この神はその昔、天孫降臨に際して先に天降った神だったというが、少なくとも七世紀以前(記紀の成立以前)から、この地で祀られていた神だった。

中臣氏とはいうまでもなく、藤原氏の始祖となった中臣鎌足を出した家系だ。そして鹿島神宮のタケミカヅチは藤原氏の氏神とされており、中臣氏は、代々香取神宮の神官も務めていたともいわれている。要するに、鹿島・香取との関係がきわめて深い。

しかし中臣氏は、大化の改新で突如として表舞台に現れたものの、それ以前の来歴についてはほぼわかっていない氏族だ。その中臣氏が祀っていたのが、鹿島神宮のもととなった社と神なのである。そして神宮となったのは、天智天皇の時代になってからなのだ。

となると……。

鹿島・香取という東国の神の祭祀を司っていた中臣氏は、大化の改新の功績で中央政権に参加し、歴史書を記すチャンスを得た。その際、自らの氏神や祖先神について、書き換

鹿島神宮と対峙している香取神宮。やはり武神のフツヌシを祀る。

えたのではないか——想像をたくましくすれば、そんな疑問が生まれるのである。

天の大神にしても、音でいえば「アメ＝アマ＝海」の大神でもある。場所からルーツは海の神だった可能性が高い。

だが地方神が氏神では、中臣氏は天皇家と関係が薄くなってしまう。そこで『古事記』や『日本書紀』を編纂する際、この「アマ（海）」を「アメ（天）」に置き換えて天孫族の出身とし、天皇家に功績のあったタケミカヅチを氏神にすり替えたのではないだろうか。

なぜなら『日本書紀』編纂の最高責任者は、彼ら一族の藤原不比等（ふひと）だったからだ。そう考えれば、鹿島・香取といった東国の神社に、神宮という尊称が与えられたことも説明できるのだ。

神武東征伝説に隠された真実

イワレヒコが大和の盟主になれた理由

イワレヒコと土豪の戦い

初代・神武天皇が四十五歳のとき、天孫が天降った日向の高千穂の地から、日本列島を東に向けて軍を進めることになった。いわゆる「神武東征」だ。このとき神武はまだ即位前で、イワレヒコといった。

イワレヒコ軍は高千穂を出発し、瀬戸内海を船で進軍。白肩津（現在の大阪府東大阪市）に上陸してからは、迎え撃つ土豪たちに連戦連勝。いつしか一行は生駒山を越え、ついに大和へ入ろうとした。

ところがこのとき、強敵が出現する。地元の豪族、ナガスネヒコ軍の激しい迎撃を受け、イワレヒコ軍は敗走してしまうのだ。

それまで負け知らずだったイワレヒコは、ここで冷静に敗因を分析する。そして、あることに思いあたった。

「自分は太陽の神（アマテラス）の御子なのに、太陽（が昇る方角）に向かって戦ったから負けたのだ」

そこで、海路で紀伊半島を大きく迂回し、太陽を背に戦うことができるルートを模索することになった。その結果、再上陸地を熊野

熊野山中を進軍する神武天皇に、熊野の神の道案内があった。

と決めたのである。しかし、熊野から大和へ抜ける山中は、いまでも険しい道である。ましてや当時、イワレヒコ軍が進軍するのに、決して楽な道ではなかった。

しかも——。

なんと途中、熊野村で神の化身のクマと出会ったイワレヒコは、その霊力によって意識を失ってしまうのである。

ところがそのとき、熊野のタカクラジなる人物が太刀をもって現れ、彼の霊威によってイワレヒコは奇跡的に目をさます。そして護身にその太刀を受け取ると、いよいよ本格的に大和へ向けて進軍を再開するのだ。

慣れない山中の険しい道も、熊野の神の化身ヤタガラスが先導してくれたことで迷うこともなく、ついに大和へ到着。ここで宿敵のナガスネヒコを討ち倒すのである。

その経緯については、「ニギハヤヒと物部神社」の項（九十六ページ参照）で詳しく書いたのでここでは省略するが、こうしてイワレヒコは大和を制圧し、初代神武天皇として即位することになった。

熊野の霊威と合体！

この話は、イワレヒコ軍（のちの大和朝廷軍）が、九州地方から東へ向かって軍事行動を起こした歴史的事実を、神話の形で伝えたものだといわれている。

そうした戦いが、古代にあったのだろう。ナガスネヒコは大和の先住の豪族であり、一方熊野山中にはナガスネヒコにつかず、イワレヒコに味方した豪族もいたのだろう。

しかしここにはもうひとつ、ある霊的な話が潜んでいる。それは、イワレヒコが熊野山中で意識を失い、熊野の剣の霊力によって息を吹き返したということだ。

一般にこれは、死と再生の物語といわれる。東からやってきたイワレヒコは、熊野山中で一回、死んだのだ。そして熊野の神の霊力によって、再び生き返らされたのである。

どういうことか――？

この体験によって、イワレヒコは昔のままのイワレヒコではなくなった。高天原の太陽の神の子孫ではあるが、同時に熊野の神々の霊威をも己の体内に取りこんだのである。

したがって、これにより熊野は大和朝廷と天皇家にとっても特別な聖地、霊地となったことになる。天皇家の御霊（みたま）は、熊野の（土着

熊野山中、玉置神社付近。熊野は霊力の高い地域なのだ。

の）神々によっても守護されているのだ。

そもそも熊野という土地は、のちにはとりわけ本地垂迹説の影響が強いところとして知られるようになる。神道のみならず、仏教、修験道などの宗教が複雑に入り交じった独得な聖地を形成してきた場所なのだ。もちろんそのなかには、古代信仰の痕跡も垣間見ることができる。

また、熊野の聖地といえば、熊野本宮大社、熊野速玉大社、熊野那智大社――三つを合わせて熊野三山が知られている。

大社というのは神社の格、社格のことで、熊野三山は日本列島のなかでもほぼ最高ランクの神社とされている。

熊野に最高位の神社が三つも置かれているのには、こうした背景もあったわけだ。

超古代とはいつの時代なのか？

超古代とは、具体的にどの年代を指すのか。じつはそれを確定するのはかなり難しい。

歴史的な時代区分でいうと、そもそも「超古代」という言葉は存在せず、古代・中世・近代しかない。このうちの古代だが、世界史的には原始時代が終わり、文明と階級が成立した時代とされ、日本史的には大和朝廷の時代から奈良・平安時代を指す。

これはあくまでも言葉のうえでの考え方だが、そこに「超」がつくわけだから、超古代とは古代をはるかに「超」えた時代ということになるわけだ。

ならばそれは、いつの時代なのか。大和朝廷の前であるなら、弥生時代なのか？　それとも縄文時代か？　もっと遡ってプレ縄文時代、旧石器時代か？

これについては研究家のあいだでも諸説があって、確定していない。しかし候補としては、ムーやアトランティスなど失われた文明の時代（約１万2000年前？）、宇宙考古学者が主張する異星人が地球を訪れて文明の芽を蒔いた時代（数万～数十万年前？）、記紀に書かれた神代の時代、本書で紹介する古史古伝に書かれた神々の時代などが挙げられている。

そこで本書では、超古代という時代については、古史古伝の記述をベースに考えていくことにする。具体的にいえば、神話時代から縄文時代が中心になるだろう。

古史古伝は数十万年前どころか、場合によっては数十億年の歴史を語っているケースもあるが、それでも基本となるのは数万年前の文明だからである。

第二章 日本とユダヤを結ぶ点と線

日ユ同祖論とは何か？

日ユ同祖論とは文字通り、現在の日本人とユダヤ人が祖先を同じくしているとする主張だ。その歴史は一八七五（明治八）年、スコットランドの商人、ノーマン・マックレオドが日本を訪れて出版した著作『日本古代史の縮図（Epitome of Japanese Ancient History）』に始まる。

明治の初期、アジア各国をまわったマックレオドは、日本の歴史に深く興味をもった。そして日本各地の祭り、衣服や食物、さまざまな伝統行事を調査し、その結果を書籍にまとめた。それがこの本で、文章が綴られた巻と図版が収録された巻、計二巻の構成になっている。

マックレオドは、日本人だけがアジアのなかできわめて異質な文化や行動様式をもっていることに興味を抱いたのだ。

もちろん歴史的な説明は受けた。だが、それだけではなぜそうなったのかが説明できないと感じたことから、二千五百年前、忽然と姿を消した「失われた古代イスラエル十支族（四十六ページ参照）が日本列島に定住したと主張したのである。

彼は学者でも研究者でもなく、あくまでも商人だった。しかし、当時はまだ知られていなかった東洋の情報を、できるだけ詳しく西欧社会に伝えたいという野心を抱いていた。そのため精力的に取材旅行を行い、詳細に現地の様子を観察していった。

こうして彼の記録は、文化、言語、経済、エチケット、衣服など、その地域の民族に関するあらゆることがらを網羅することになった。そのため結果的に、東洋における日本文化の特異性がより歴然と浮かびあがってきたわけである。

たとえばマックレオドは、当時の朝鮮半島も訪れ、朝鮮にも日本と同じように「ユダヤ的な習慣とユダヤ的な考え」が残されていると指摘している。ただ、その痕跡はあまり大きなものではなかったため、一部のユダヤ人は朝鮮半島に残ったものの、あくまでも通過点にすぎず、大半はそのまま日本列島に移動したのではないか、と推測した。

また、彼はイスラエルから中央アジア、朝鮮半島を経て日本列島に至るまでの詳細なルートも推定している。これは今日においても日ユ同祖論における民族移住ルートしてほぼ定説となっており、多くの研究者の助けとなっているのだ。

では、具体的な類似点を見ていくことにしよう。

失われた十支族とは何か?

歴史の狭間に消えたイスラエルの民

消えた十支族の行方は?

日ユ同祖論の根底にあるのは、われわれ日本人がよく知らない古代イスラエルの歴史、それも『旧約聖書』の記述だ。

それによればヤコブには、十二人の息子がいた。それぞれの名前を「ルベン」「シメオン」「レビ」「ユダ」「イッサカル」「ゼブルン」「ヨセフ」「ベニヤミン」「ダン」「ナフタリ」「ガド」「アシェル」という。この十二人の息子の子孫たちが増え、それぞれがイスラエルという国の「支族」となった。これを「イスラエル十二支族」という。

ただ、現在では「レビ」族は祭祀専門として数えず、かわりに「ヨセフ」族をふたりの息子「マナセ」族と「エフライム」族に分け、十二支族とするほうが一般的だ。

その後、彼らは北のイスラエル王国(ルベン族、シメオン族、イッサカル族、ゼブルン族、エフライム族、マナセ族、ダン族、ナフタリ族、ガド族、アシェル族)と南のユダ王国(ユダ族とベニヤミン族)に分裂した(ちなみにユダ族は祭祀だったため、両国に帰順している)。

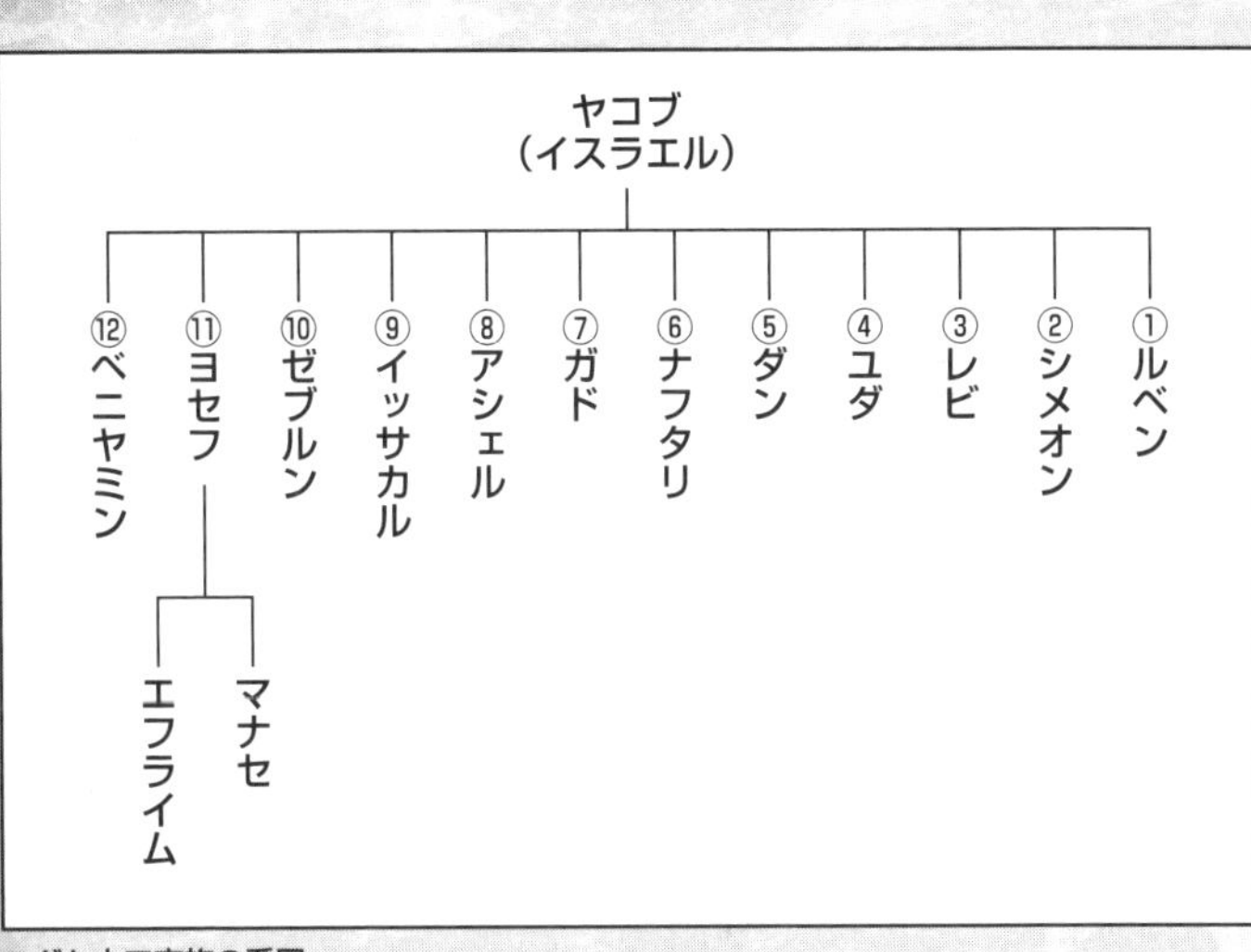

ユダヤ十二支族の系図。

問題はここからだ。

紀元前八世紀ごろ、勢力を拡大したアッシリア帝国が、北のイスラエル王国を滅ぼし、十支族を捕囚してしまうのだ（ユダ王国もまた新バビロニア王国に滅ぼされ、有名な「バビロン捕囚」が起こるのだが、それについてはここでは触れない）。

そしてアッシリア滅亡後——どういうわけか彼ら十支族は、再びイスラエルの地に戻ることがなかった。戻らないどころか、忽然と地上から姿を消してしまったのである。

これが「古代イスラエル失われた十支族」だ。当然、現在のイスラエルにいるのは、残りの二支族（ユダ族とベニヤミン族）だけ、ということになる。

もちろん、消えたといってもひとりやふた

りではない。膨大な数の人々である。おそらくは危険を避けて、どこかに移動したに違いないと、のちの人々は考えた。まっ先に思いうかぶのは東方であり、そこにはヒマラヤから中国を越えて、はるか日本へと続く長い長い道＝シルクロードがのびていた。

日ユ同祖論における主役は、この失われた古代イスラエル十支族だ。簡単にいえばこの論では、東へ移動し、行方不明になった十支族が、日本列島へ辿りついていたのではないかというのである。

各地に残るユダヤの痕跡

今も失われた十支族の行方を追いつづけているラビ・アビハイルによれば、彼らが東に向かったことは間違いない事実なのだという。

その証拠として彼は、シルクロードの周辺に現在も点在して暮らしている「十支族の子孫と思しき人々」を挙げる。

まず、アフガニスタンやパキスタンに住むパシュトゥン人（パタン人）。彼らの法律体系は、なぜかユダヤ人のトーラーと共通項が多い。また、ラバニ族はルベン族、シンワリ族はシメオン族、レヴァニ族はレビ族、ダフタニ族はナフタリ族、ジャジ族はガド族、アシュリ族はアシェル族、ユスフ・ザイ族は「ヨセフの子ら」、アフィリディ族はエフライム族の末裔ではないかと考えられるという。

さらに、インド＝ミャンマー国境付近のメナシェ族はマナセ族だというし、中国の開封には古くからユダヤ人のコミュニティが存在していたのだ。ただし、彼らは失われた十支

十支族の捕囚を描いた、アッシリアのレリーフ。

族の「本隊」ではない。本隊はもっと大きく、多人数だったはずだからだ。

そしてこのルートを辿っていった先の日本列島には、マックレオドが紹介したように、多くの古代イスラエル的な文化や習慣が残されていた。となれば、答えは自ずと決まる。

ただし、当然ながら日ユ同祖論でも、現在の日本人が百パーセント、ユダヤ人をルーツとするとまで主張しているわけではない。

日本民族が歴史的に複数の混血によって形成されたことは自明の事実だからだ。それにイスラエル十支族が日本にやってきたとしても、それは二千七百年も前のことなのだ。

しかし、それでもなお、消えない文化や痕跡がある——その不思議を探ることこそ、日ユ同祖論の目的なのである。

造化三神と絶対三神の類似

三柱の神の存在が意味するものとは？

『古事記』には世界の始まりについて、次のように書かれている。

「天地初めてひらけしとき、高天の原に成れる神の名は、アメノミナカヌシノカミ、次にタカミムスビノカミ、次にカミムスビノカミ。この三柱の神は、みな独り神と成りまして、身を隠したまひき」

　天地ができたとき、高天原に最初に現れた神はアメノミナカヌシ、タカミムスビ、カミムスビの三柱の神（神は「柱」で数える）、造化三神だったというのだ。

　アメノミナカヌシは最初の神で、高天原の中心にすわる世界の主宰神という位置づけになる。ただしタカミムスビとカミムスビも含めたこの三神はいずれも「独り神（男女が対になった神に対する表現）」だったので、すぐに姿を隠してしまった。

　ここで「隠れた」というのは、「消え去った」ということではなく、姿を隠しただけで、影響力は厳然としてこの世界に保っているということを意味している。目に見えず、世界に敷衍し、影響力を行使する神、ということだ。だから世界は、今でもこの三柱の神によって「支配」されている。

このように世界の根底に三柱の神の霊力が働いているという考え方について、キリスト教的な思想の影響を見る説がある。

キリスト教というと唯一神、つまりたったひとりの神を崇めるものと思われるかもしれない。それは事実なのだが、一方で根源神の顕れとして、「父と子と聖霊」が一体（唯一神）であるとする三位一体説という教義もキリスト教にはある。

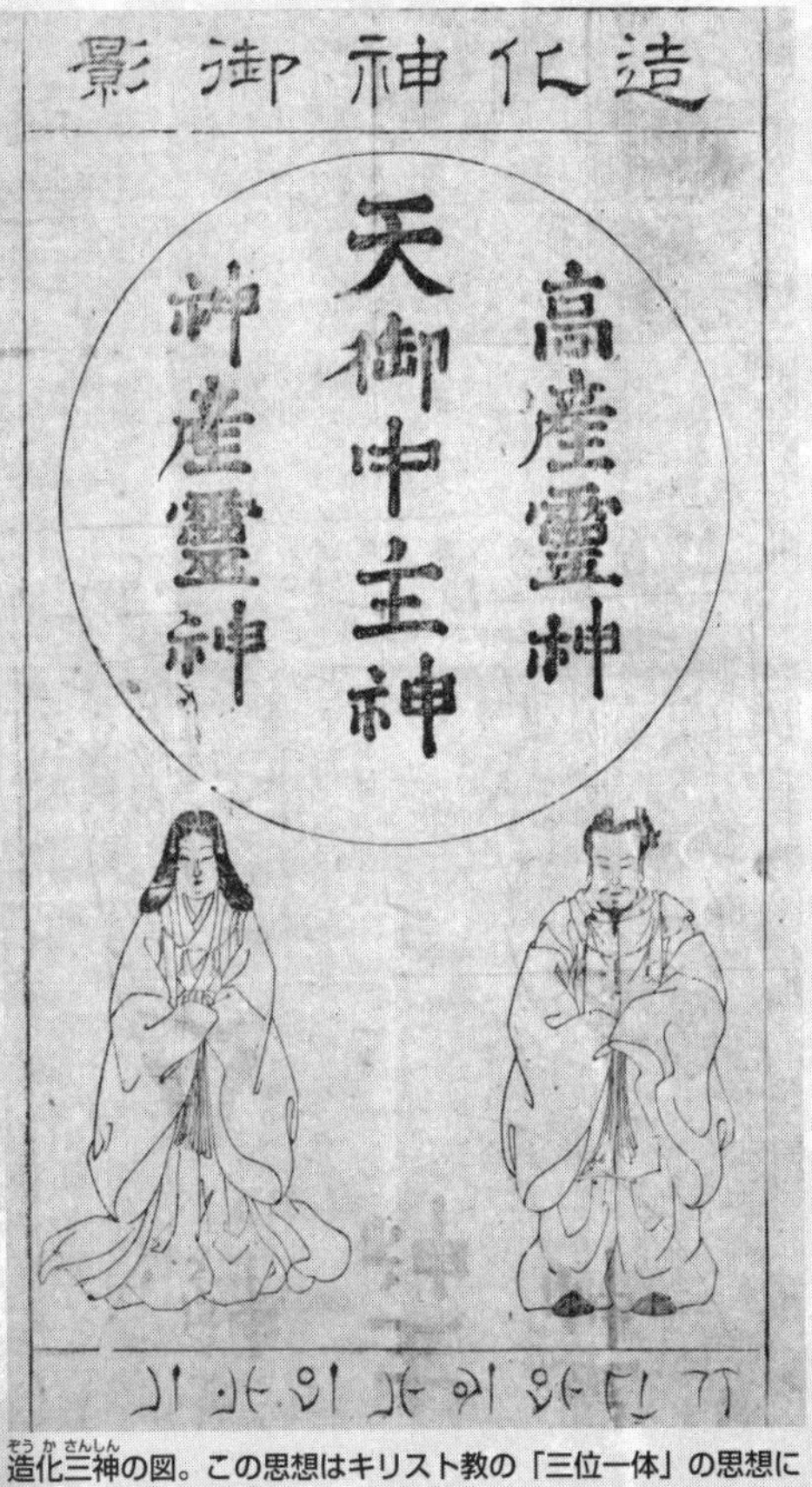

父は根源神（神）であり、子はイエス・キリスト、聖霊は神とこの世を結ぶ不思議な力のこと。つまり、日本神話の造化三神は、キリスト教のこの三位一体と同じものなのではないか、というのである。

造化三神の図。この思想はキリスト教の「三位一体」の思想にも通じている（やよい文庫蔵）。

謎の渡来人・秦氏
古代日本の骨格をつくった渡来人

秦氏の祖先は始皇帝？

日ユ同祖論において、重要な位置を占めているのが渡来系豪族・秦氏だ。

京都・太秦を本拠地とし、一族のトップだった秦河勝は聖徳太子のブレーンとしても知られている。また、平安京造営に関しても尽力している。さらに秦氏創建の寺社も多く、太秦の広隆寺、松尾大社、伏見稲荷大社などは秦氏の手によるものなのである。

つまり、単なる技術者集団ではなく、日本の仏教・神道といった宗教的な部分とも、大きくかかわっていたのだ。

しかしながらこの秦氏、ルーツについてはきわめて謎に満ちている。その文字（秦）から、秦始皇帝の子孫であると称していたともいわれ、実際、古代豪族の出自を記した『新撰姓氏録』には、「秦忌寸」について「秦始皇帝の後也」と書かれている。ただし、学術的な裏づけは何もない。

『日本書紀』にも、応神天皇十四年に弓月君が朝鮮半島の百済から百二十県の人を率いて帰化し、これが秦氏のもととなったと書かれているのだが、この弓月君なる人物が始皇帝

（右）聖徳太子のブレーンもつとめた秦河勝。（左）佐伯好郎博士。

の末裔だという説明も根拠もない。

では、弓月君とは何者なのか。

弓月＝弓形の月とは、イスラム教国家を象徴するデザインだ。そして、ユーラシア大陸の西域に、かつて弓月王国が存在していたことは揺るがない歴史的事実だ。つまり、弓月君が秦氏の祖先なら、彼らのルーツはアジア西域のイスラム国家、という可能性もあるだが――。

秦氏はクリスチャンだった？

明治四十一年に、「太秦を論ず」という小論文が発表された。筆者は佐伯好郎博士。専門は歴史学・言語学で、なかでも中国の景教研究にかけては世界的権威とされた人物だ。論文は四百字詰め原稿用紙で三十枚ほどだが、内容は驚愕に値する。なんとそこでは、「秦氏はクリスチャン（キリスト教徒）だった」と結論づけられていたのだ。

ただし、カトリックやプロテスタントといった、今日的なキリスト教ではない。博士の専門である景教はネストリウス派キリスト教といわれるもので、今日のキリスト教とはまったく違う。むしろユダヤ教に近いものといっていい。秦氏は、このネストリウス派キリスト教徒だったというのだ。

景教は五世紀には西アジアからペルシアへ、七世紀には中国にも伝わっている。佐伯博士は秦氏が中国にいたころ、ネストリウス派キリスト教の教徒だったと説いたのである。

たしかに七世紀の中国の都・長安には大秦寺という景教寺院があった。人々にも受け入れられたようで、その流行ぶりを記した石碑も発見されている（大秦景教流行碑）。

しかも長安といえば、のちに日本からの遣唐使が目指した花の都だ。当然、彼らも景教の存在を知っていただろうし、それが日本も伝わってきていてもおかしくはない。

前述のように長安には大秦寺があったが、秦氏の日本の本拠地は「太秦」といった。ここには秦氏の氏寺である広隆寺があるが、この寺はまたの名を太秦寺という。違いは「大」と「太」でしかない。ここから博士は、太秦寺も中国の大秦寺と同じ景教＝ネストリウス派キリスト教の寺院だったのではないか、と推測したのだ。そうであれば、秦氏も当然、景教徒だったということになるわけだ。

ほかにも類似点は多く、それはこのあとの

大秦寺の景教大流行の石碑（レプリカ）の上部。

項目でも紹介していくことになる。

ただ、当然ながら学界からは厳しい批判が浴びせられた。最大の問題とされたのは年代で、太秦寺が完成したのは六二二年、かたや景教が唐に伝播したのは六三五年、景教寺院が建立されたのは六三八年、さらにこの寺院が大秦寺に改名されたのは七四五年という時間のズレだった。年代的には日本の太秦寺のほうが古く、計算が合わない、というのだ。

佐伯博士は、唐への六三五年という伝播年はあくまでも残っている最古の記録にすぎず、それ以前に伝来していなかったとはいえないし、それどころか、シルクロード経由でそれ以前に中国、さらに日本列島まで伝わっていた可能性は十分にある、としている。

はたして真実は、どこにあるのだろうか。

いさら井はイスラエルだった!?

古井戸につけられた名前のルーツとは?

秦氏の氏寺である広隆寺の近くには、奇妙な井戸がある。かつて秦氏によって掘られたとされる古い井戸で、その名を「いさら井(伊佐良井)」という。

一般的には、「いさら」というのは「些細な」という意味であって、つまり「水の少ない(些細な)井戸」のことなのだと説明されている。実際、現在ではほとんど使われていないせいか、水量はきわめて少ない。

しかし、せっかく井戸を掘り、それが後世まで残っているのだから、最初から水が少なかったとは考えにくい。現在まで残されているからには、かつてはそれなりに豊富な水量を誇っていたはずなのだ。

では、いさら井という名前は、水が涸れてきた最近のものなのか。

そうではない。

というのもこのいさら井は、平安時代の日本を代表する古典文学『源氏物語』のなかにも登場するほど有名だからである。しかもその時点ですでに、「いさら井」という名前の意味はわからない、と書かれている。したがって、名前には別の意味が隠されているはずなのだ。

じつは――。「いさら井」については、もともと「イスラエル」という名称からきたのではないか、との説がある。

これを主張したのが、前述の佐伯好郎博士で、景教の中国の経典に「一賜楽業」という言葉があるのが根拠だという。

実際に発音してみるとこれは「イスラエ」という音になり、イスラエルのことを指している、というわけだ。その説にしたがえば、「いさら井」とは「イスラエ」――イスラエルの井戸という意味になる、というのだ。

博士はこれもまた、秦氏景教徒説を補強する重要な証拠であるとした。つまり、井戸を掘ったのは秦氏だというわけだ。

はたして読者は、どう思われることだろうか。

いさら井。この謎深きネーミングには、いったいどんな秘密が隠されているのだろうか。

三柱鳥居はキリスト教のシンボル？

三柱の神の存在を示す秦氏の遺跡

京都市右京区太秦、つまり秦氏の本拠地である広隆寺の近くに、奇妙な鳥居をもつ神社がある。正式名称は木嶋坐天照御魂神社（このしまにいますあまてるみたまじんじゃ）というのだが、「蚕の社（かいこのやしろ）」といったほうが地元では通りがいい。本殿東側に境内社として蚕養（ようさん）神社があるためだ。

蚕養神社というのは、蚕や織物の神を祀る社で、この地に住んだ秦氏が大陸から養蚕や織物など当時の先端技術を持ちこんだことにちなんでいるらしい。

しかし、問題は前述の鳥居だ。

社殿の西には「元糺（もとただす）の池」という池があり、その中にこの鳥居は立っている。

三柱鳥居という名のとおり、三本の柱によって構成されている。真上から見るときれいな正三角形になっているのだ。

社伝によれば現在の鳥居は江戸時代に修復されたものだそうだが、なぜこのような形をしているのかはずっと謎とされてきた。

佐伯好郎博士はこの鳥居についても、秦氏にまつわる景教（ネストリウス派キリスト教）の遺跡だと主張している。

その根拠としたのは、すでに書いたように鳥居のある太秦という地名が、かつて景教の

元糺（もとただす）の池と、そのなかに立つ三柱鳥居。

寺だった唐の大秦寺と通じていること、そして鳥居を上から見た三角形が、ふたつ重ねるとユダヤのシンボルマークであるダビデの星になることなどだった。

さらに、三本という柱の数にも意味がある。柱は神を表す単位である。つまり三柱の鳥居とは、三つの神の鳥居という意味にもなる。そこから佐伯博士は三柱鳥居を、キリスト教でいう三人の神の象徴、三位一体を表すものではないか、と推測したのである。

五十ページで紹介したが、キリスト教には「三位一体」という思想がある。神聖なる存在を「御父」「御子」「聖霊」――神なる父とキリストと聖霊――とするものだ。三柱鳥居は、この思想を体現するために、景教徒である秦氏がつくったものだというのである。

鳥居の池で行われた洗礼儀式

キリスト教の洗礼池があった!?

蚕の社の三柱鳥居は、池のなかにある。この池は「元糺の池」といい、周囲の森は「元糺の森」といわれる。「元」とつくからには、当然、現在の「糺の池」もあることになる。

どこかというと、下鴨神社(賀茂御祖神社)だ。境内には鬱蒼とした森があり、そこに御手洗池を水源とする御手洗川など4つの小川が流れている。

ちなみにこの森は、京都が山城国と呼ばれていたころの原生林の姿を留めていることでも知られている。

が、それはともかく、そもそも「糺(す)」とは、どういう意味なのだろう。

辞書(『広辞苑』)によれば「罪過の有無を追及する。詮議する」ことだという。

それが宗教において使われるときには、「穢れを糺す」ということになる。つまりは、禊ぎだ。そう、元糺の池は、秦氏をはじめとする古代の人々が禊ぎを行うための聖なる水場だったというのである。

ただしそれは、いわゆる神道儀式の禊ぎではない。キリスト教の禊ぎ、つまり洗礼の儀式である。

実際、佐伯博士は三柱鳥居と元糺の池は、

蚕の社。社のある土地は、かつて秦氏の支配地だった。

もともとはクリスチャンである秦氏が洗礼を行った、聖なる禊ぎの池だったのではないか、と主張しているのだ。

なお、公平を期すために蚕の社にある三柱鳥居については、ほかにもさまざまな解釈があることもつけ加えておこう。

たとえば、周囲の山を遙拝するときに便利なように、それぞれの一辺が聖なる山の方角に向けられているのではないかという説。あるいは、下鴨神社の糺の森とセットで、両者を結ぶと夏至の日の出と冬至の日の入りの遙拝ラインになる、という説……。

しかし、どちらも決定的な論証はなされていない。そうであれば、この池が禊ぎのためのものだったという主張も、その候補のひとつに入れてもいいのではないだろうか。

伊雑宮と伊勢神宮のダビデ紋

『聖書』のイザヤが祀られた神社？

三重県志摩市に、伊雑宮という古社がある。正式には「いざわのみや」だが、「いぞうぐう」と呼ばれることも多い。一説にはアマテラスを祀る伊勢神宮の奥宮ではないかともいわれている由緒ある神社なのだが、どういうわけかこの神社の神紋は、ユダヤの国章でもある六芒星＝ダビデ紋なのである。

そこで注目したいのは、神社の名前だ。「いざわのみや」――「いざわ」とはどういう意味なのだろうか。これについては、『旧約聖書』「イザヤ書」のイザヤではないか、という指摘がある。イザヤというのは紀元前八世紀後半に南ユダ王国で活躍したとされる預言者の名前で、さらには「神の救い」という意味もあるというのだ。

気になるのはイザヤが、イスラエルの民に「東で神をあがめ、海沿いの国々において、イスラエルの神である主の名をあがめよ」という神の言葉を告げたことである。

読みようによってはそれは、「日本列島へ向かえ！」という意味にも取れるのだ。もしもこの言葉に従い、イスラエルの民とともにイザヤが日本にやってきたとしたら……。

「いざわのみや」は「イザヤの宮」というこ

伊雑宮。なぜか神紋は六芒星（ダビデ紋）なのである。

とで、イザヤを祀った神殿だったという可能性も考えられるのである。

ところで伊勢神宮の参道に立ち並ぶ灯籠にはかつて、ふたつの三角形が上下に組み合わされた形――六芒星＝ダビデ紋――が刻まれていた。日本では「カゴメ紋」とも呼ばれる。なぜアマテラスを祀り、神道の中心でもある伊勢神宮にこの六芒星があるのか。

これらの六芒星紋入りの灯籠が寄進されたのはさほど古いことではないのだが、そもそもこうした灯籠は基本的には寄進されるものであり、神社が主導するものではないという。

一説によると、製作を依頼したのは当時の神宮長官だったともいうが、なぜ六芒星の紋を入れたのかはわかっていない。つまり、現状では謎の灯籠といわざるをえないのだ。

ダビデ紋と十六花弁八重表菊紋
共通のデザインが意味するものとは？

天皇家の紋を、十六花弁八重表菊紋という。いわゆる「菊の御紋」だ。

ところが、天皇家がいつごろからこの菊の紋を使いはじめたのかとなると、よくわかっていない。もっとも古い記録では、鎌倉時代のはじめに後鳥羽上皇がこの紋を好んだというものがある。しかし、これはあくまでも記録なので、当然、それよりも古くから存在していたはずだ。

そこで古い時代の菊の紋を調べてみると、中央の円は今よりも大きく描かれており、菊というよりはひまわりに近いデザインだったことがわかる。

そしてこのデザインは、エルサレムのヘロデ門上部に配されたユダヤの紋章と、とてもよく似ているのである。

ヘロデ門に名を残すヘロデ王はユダヤ人とエドム人のハーフで、紀元前一世紀ごろにパレスチナ地方を治めていたユダヤの王だ。そのヘロデ王が自ら、城壁の門に刻ませたのがこの紋章なのである。

古代のイスラエルには菊の花はなかったから、ヘロデ門のこれは、菊の花ではない。一説には太陽をデザインしたものではないかといわれているが、由来が正確にはわからないのだから、十六花弁菊花紋とそっくりな紋章が三千年以上も前から中近東で、王家の紋章として使用されてきたという事実にはきわめて興味深いものがある。なにしろヘロデ門のこの紋章は、十六枚という花びらの数までぴたり日本の菊花紋と一致するのだ。ただごとではないように思われる。

それだけではない。エルサレムにはこれ以外にもたくさんの十六花弁菊花紋によく似たデザインがある。ステファノ門には凹状になったものが、シナゴーグというユダヤ教の会堂入り口にもやはり似たデザインが刻まれている。

こうしたことを考えると、天皇家の紋のルーツもまた、古代ユダヤにあった可能性が生まれてくるのだ。

（上）エルサレムのヘロデ門に刻まれた菊花紋。皇室のものと比べると、中央の円が大きい。（下）皇室の菊花紋。

イエス誕生を祝う一つ物神事

キリストの誕生に由来する日本の祭り？

兵庫県高砂市の曽根天満宮には、キリスト教色が濃い不思議な神事がある。「一つ物神事」と呼ばれる祭りがそれだ。

始まりは屋台の宮入りだ。子供屋台、大人屋台、天満宮の屋台など、その数は十以上。なかでも天満宮の屋台の上部は座布団の形になっており、そこには神様が座るのだという。

次に竹が勇壮に割られ、神社の正門から額に「八」という文字が描かれた「一つ物」と呼ばれる「幼い男の子」が境内に入ってくる。この男の子こそ、神事の主役なのだ。

「一つ物」とはもちろん、ひとつしかない大切なもの、という意味だ。キリスト教ではイエス・キリストのことを「神のひとり子」という。つまりこの子は、神の子イエスであり、神の使いだと考えられる。また、「八」は「ハチ」だが、日本古来の読みとしては「ヤー」だ。そして「ヤー」とは「ヤー（ハウェ）」であり、キリスト教の神を意味している。

さらに、男の子につきそう若い衆の衣装も奇妙だ。彼らのかぶり物は、どこから見ても中近東風なのである。中近東風の衣装に囲まれた神の子といえば、やはりイエス・キリストだろう。ちなみに神社の関係者に衣装の由

一つ物神事。中近東風の衣装の若者に囲まれて、「一つ物」の男の子が入場する。

来を訊ねても、だれも答えを知らない。ただ伝統だからそうしている、というのだ。

興味深い点はもうひとつある。それは、神の子を招くときのかけ声で、大きな声で何度も「ヨイヨイベー」と繰り返される。

かつてこの神事を研究したある牧師によれば、この言葉は「ヨム・ヨーベール」というヘブル・アラム語からきているのではないか、という。その意味は「ヨベルの日」で、ユダヤでは、神の恵みによって救いと解放がもたらされるとされた日である。

さらに、この曽根天満宮が、かつて秦氏一族が多く住んでいた地域にあることも興味深い。それゆえこの神事が、古代キリスト教の影響を受けていたのではないか、という思いはますます強くなるのである。

戸来村のナニャドヤラの踊り

キリストの墓を囲んで歌われる謎の民謡

青森編の旧戸来村（現新郷村）には、イエス・キリストの墓と伝えられる塚がある（詳細は百四十二ページを参照）。

だが、それだけではない。

ここには古代の日本とユダヤの結びつきを連想させる「状況証拠」とでもいうべきものが、いくつも見られるのだ。

たとえば戸来村という村の名前の語源については、「ヘブライ」が訛ったものと考えられている。また、塚を守ってきた家の家紋は星形で、これはユダヤのダビデの星を想起させる。昭和初期に行われた調査では、村にユダヤ人風の相貌をした人物が多数、見られたという記録もある。そして、昔から赤ん坊の額には十字のマークを描く風習がある。その子供たちが着るちゃんちゃんこには、星形の家紋を縫い取りしている……。

だが、なんといっても大きいのは、神学博士の川守田英二が、戸来村を中心に伝わる盆踊りの歌詞について、ある斬新な解釈をしたことだった。

歌のタイトルは「ナニャドヤラ」というのだが、日本語では意味不明としかいいようがない。村人はこの意味不明の歌詞を、意味も

新郷村のキリストの墓と、その周囲で踊られるナニャドヤラ。

わからずに歌いつづけてきたわけだが、川守田はこの歌詞を古代ヘブライ語で解釈できるとし、次のように翻訳したのである。

「御前に聖名をほめ讃えん　御前に毛人を討伐して　御前に聖名をほめ讃えん」

つまりこれは、ヘブライ語による古代の進軍歌だというのだ。

「御前」というのは、神の御前ということだろう。また、この村にイエス・キリストの墓と伝わる塚があることから、「聖名」とはイエスのことである可能性が高い。

もちろん、あくまでも「状況証拠」ではある。しかし現在、村ではキリストの墓も整備され、公園になっているし、その墓の周囲では毎年、「ナニャドヤラ」の踊りが踊られているのだ。

東方由来？ 東大寺のお水取り

古代ペルシアの水の儀式がルーツか？

東大寺二月堂で行われる、修二会と呼ばれる儀式がある。「お水取り」とも呼ばれているが、始まりは天平勝宝四（七五二）年。東大寺を開山した良弁の弟子の実忠の発案によるもので、それが今日まで一度も絶えることなく続けられているのは、一種の「奇跡」といってもいい。

修二会では何が行われているのか。

まずは三月十二日の深夜、若狭井という井戸から「お香水」を汲みあげる儀式が行われる（これが「お水取り」と呼ばれる所以となっている）。明かりとなる松明の炎は、荘厳な雰囲気をいやでも高めてくれる。

二月堂は巨大な磐座の上に建てられており、内部は内陣を外陣がとりかこむ複雑なつくりになっている。そしてその下に、この水を汲みあげるための井戸があるのだ。

建物のなかに井戸があるというと、不思議な感じを受けるだろう。そうなのだ、この構造はどこか「日本」ぽくない。

実際、修二会で行われる儀式や建物の構造は、ササン朝ペルシアやイスラム教の伝統とそっくりだという指摘がある。

具体的にいうと、二月堂の構造はメッカに

あるイスラムの聖地、カーバ神殿とうりふたつなのである。カーバ神殿も周囲を四角く覆われており、床下には生命の水がわくザムザム泉があるのだ。

また作家の松本清張はお水取りについて、イラン伝統の井戸のカナートを連想させる儀式である、と指摘している。

実際のところ、ペルシア人はかなり早い時代から、シルクロードを通って日本列島へやってきていた。

『続日本紀』には、次のような記述がある。

「遣唐副使・従五位上の中臣朝臣名代らが、唐人三人・ペルシア人一人を率いて、帰国の挨拶のため天皇に拝謁した」

ペルシアの文化は、飛鳥文化、奈良文化に多くの影響を与えている可能性が高いのだ。

奈良・東大寺のお水取り行事が行われる二月堂とその説明板。

剣山とソロモンの秘宝
失われた古代イスラエルの宝の行方

剣山とユダヤの宝

「ソロモンの秘宝」という言葉を聞いたことがあるだろうか。

古代イスラエルの三種の神器——十戒の石板、マナの壺、アロンの杖——を納めたものを契約の箱＝アークというが、これらをまとめて「ソロモンの秘宝」とも呼ばれる。

ソロモンの秘宝は、古代イスラエル王国の神殿が破壊されたときに行方不明になっており、現在まで発見されていない。また、日本の三種の神器に相当するような、イスラエルの秘宝中の秘宝であるから、その神通力も並大抵のものではないとされる。

そんな大切な宝が、二千年以上にわたって行方不明なのだ。

そこでいつしか、失われたイスラエル十支族がこの秘宝を東方へ持ち去ったのではないか、といわれるようになった。

では、いったいどこへ?

ソロモンの秘宝の隠し場所として古くから注目を集めているのが、日本の徳島県にある剣山だ。

そのことを長期間にわたって検証しつづけ

たのが、高根正教（まさのり）、三教（かずのり）という研究者の親子である。ふたりは『聖書』と言霊（ことだま）の研究から、剣山こそソロモン王の秘宝が運ばれ、隠された場所に違いないと確信。広報活動を行うとともに、戦前には厳しい当局の監視のなか、ここぞと思われる場所で発掘作業まで行っている。

ただ、残念ながら、秘宝はどうしても見つからなかった。

一説には、秘宝は山頂の付近にある巨大な磐座（宝蔵岩）の下に埋められているともいわれているが、さすがにこの巨石を移動させることは不可能といっていいだろう。

宝を暗示する伝説たち

改めて冷静に見てみると、この山に不可解な行事や伝承がいくつも残されているのもま

剣山の巨大な磐座（いわくら）、宝蔵岩。この下に、ソロモン王の秘宝が埋められているともいわれている。

たまぎれもない事実である。

たとえば七月十七日に、剣山では不思議な祭りが行われる。千九百五十五メートルの山頂めざして、一挙に神輿が運びあげられるのだ。研究者のあいだでは、この神輿は「契約の箱アーク」に擬せられたものではないか、ということになっている。

また、この七月十七日という日付は、ノアの箱舟がアララト山に漂着したとされる日と同じだという指摘もある。そうなるとこの神輿は、むしろノアの箱舟の再現なのではないか、ということになるわけだが……。

それだけではない。

剣山の近くには、謎の磐座をもつ白人神社、さらにはイエス・キリストの名を連想させる栗枝渡神社といったものまであるのだ。

もっといえば、「剣山」という名前自体も、妙に暗示的だ。命名の理由としては、この山は以前、「石鎚山」と呼ばれていたのだが、安徳天皇が剣を奉納したことから「剣山」と呼ばれるようになったという。そしてその剣は今でも、巨石で封印された洞窟内に隠されていると伝えられている。

安徳天皇といえば、平家とともに壇ノ浦に沈んだ悲劇の帝である。そして平家にもまた、じつはペルシア出身だったのではないかという噂がある……。

このこと自体もまた暗示的なのだが、では封印された剣は、ソロモンの秘宝とは何も関係がないのだろうか。

いや、そんなことはない。剣山自体が巨大なピラミッドだという説もあるからだ。

剣山の近くには、栗枝渡（クリシト＝キリスト）神社という不思議な名前の社もある。

これらの指摘は、それぞれはいずれも断片的なものではあるが、全体をひとつにまとめてみると、とてつもなく大きな物語が背後に潜んでいると思わせる。

剣山が本当にピラミッドなら、内部に宝物が封印されていてもまったくおかしくはない。安徳天皇が封印したのは剣だというが、あるいはもっと聖なるもの、重要なものだった可能性もある……。

それがソロモンの秘宝——十戒の石板とマナの壺、アロンの杖を納めた契約の箱アークだったとしても、不思議はないだろう。

そう考えると、山頂へ神輿を運ぶ祭りは、秘宝が入れられた契約の箱アークを山頂に運び、ひそかに埋めたという故事を表しているのかもしれない。

天皇＝ガド族末裔説

「ニッポン」もヘブライ語だった？

「日本」はなぜ「ニッポン」と読むのか。それをヘブライ語から解釈しようとしたのが、日ユ同祖論研究者・小谷部全一郎博士だった。

失われたイスラエル十支族のひとつにガド族がある。そのガドの息子に「ツェフォン」という人物がいた。ヘブライ語本来の発音でいうと、「ニッポン」という音にきわめて近くなるというのである。

それだけではない。天皇は「ミカド」とも呼ばれる。これは「ミガド」と発音した――つまり、「ミ・ガド（族）」だというのだ。

さらに、日ユ同祖論研究家のサミュエル・グリーンバーグ博士は、「ミ」はヘブライ語で「～出身」を表すと主張。「ミガド」は「ガド族出身」という意味そのもの、と結論づけている。

ガド族とマナセ族を描いた絵。

シュメールと古代日本

古代の大船団移動を記念した祭り？

鹿島神宮の主祭神はタケミカヅチ、香取神宮はフツヌシで、いずれも『日本書紀』に登場する古い神だ。天鳥船に乗って地上に降り立ったとされ、両神宮には今も、その船にまつわる祭りが残されている。

「御船祭」と呼ばれるこの祭りでは、鹿島神宮の祭神タケミカヅチと香取神宮の祭神フツヌシが大船団を組んで港を出発し、水上で再会する。そのスケールが尋常ではない。二千人が五十隻の船に乗りこむという。見方によっては、古代水軍による移民船団の再現といえるような壮大さなのだ。

鹿島・香取には、古代シュメール人がやってきたという説がある。詳細を論じる余裕はないが、この祭りはその名残だというのだ。

御船祭で水上を走る大船団。

『聖書』を再現する御頭祭

『聖書』の記述そっくりな動物犠牲の儀式

長野県の諏訪大社に、御頭祭という祭りがある。かつてはここで、神道では珍しい動物犠牲の儀式が行われていた。

江戸時代の国学者で紀行家でもあった菅江真澄によれば、鹿の頭が七十五、真名板の上に並べられ、なかには必ず耳の裂けた鹿がいた。その後、長さ五尺あまり（約一・五メートル）の柱（御杖とも御贄柱ともいう）を立て、この柱に紅の着物を着た八歳くらいの子供が手を添えさせられ、桑の木の皮をよりあわせた縄で縛られる。神官長に藤刀を抜き、神官長に手渡す。次に裃を着た男が藤刀で子供に斬りかかったところで使者が現れて、子供は解き放たれる——これで祭りは終わりだという。そして、かわりに七十五頭の鹿が、神に捧げられるのである。

この神事の内容が、『旧約聖書』「創世記」のエピソードとそっくりなのだ。

あるとき神は、イスラエル人の父祖であるアブラハムに試練を与えた。

「あなたの愛しているひとり子イサクを連れて、モリヤの山へ行きなさい」

「わたしがあなたに示すひとつの山の上で、全焼のいけにえとして、イサクをわたしに捧

諏訪大社の御頭祭。七十五頭の鹿の頭が祀られる。

げなさい」

おまえの信仰が本物なら、大切な息子を殺せと神がいうのだ。悲しみに暮れながらもアブラハムは、モリヤ山でイサクを縛り、小刀でほふろうとした。と、その瞬間、神の使いが現れ、アブラハムの手を止める。こうしてイサクの命は救われ、かわりに雄羊が全焼のいけにえとして捧げられたのだ。

御頭祭と『聖書』の故事――両者はうりふたつといっていい。しかも、諏訪大社が面している山は「モリヤ（守屋）山」といい、御頭祭は代々「モリヤ（守矢）家」が祭主として行ってきたのである。

また、御頭祭は「ミサクチ神」の祭りとされているのだが、「ミサクチ」は「イサク」が訛ったものではないかともいわれている。

ユダヤ教と神道はそっくりだった！

本章で紹介した項目以外にも、日本と古代イスラエルのつながりを示すものはたくさんある。なかでもよく指摘されるのは、ユダヤ教と神道の共通点だ。

まず、神官の服装について。神社の神職の白い浄衣の両袖には、端に房（糸を複数たらした飾り）がつけられている。しかし、なぜそれがつけられているのかはだれも知らない。一方、ユダヤの僧侶は3000年以上も前から同じように房をつけている。この房は、常に神と一緒にいるという象徴なのだという。

また神道では清浄を旨とするので、参拝の前に水で心身を清める習慣がある。古代イスラエルでも、神の前に出るときには水で体を清めると決められていた。ちなみにこの伝統はキリスト教においては、洗礼の儀式になっていく。

神社の祭りで担がれる神輿も重要だ。御輿は神が移動するときの乗り物で、美しく装飾され、上部には鳳凰という神鳥の像が飾られている。

神輿にそっくりなのが、古代イスラエルの「契約の箱」だ。これは神との契約の証である十戒の石板が収められた箱のことで、聖櫃とも呼ばれる。大きさは小さな神輿くらいで、２本の棒の上に載せられて、祭司たちが担いだ。しかも契約の箱の上部には、翼をもった天使ケルビムの像が置かれていたのである。

ほかにも本殿や拝殿、鳥居などの神社建築と、古代イスラエルの礼拝所建築がそっくりなことなど、共通点は無数にある。これらはいずれも、日ユ同祖の有力な根拠のひとつなのである。

第三章
超古代史と神社の謎

神社と聖地の関係

「聖地」と呼ばれる場所がある。

最近では「パワースポット」といったほうが通りがいいかもしれない。定義はさまざまだろうが、基本的には「よいエネルギーを感じられる場所」ということになる。

じつは古代においては、土地のエネルギーの流れ、よいエネルギーの向きを知ることが、きわめて重要とされていた。

たとえば風水では、東西南北それぞれの方角に青龍（せいりゅう）、白虎（びゃっこ）、朱雀（すざく）、玄武（げんぶ）という四柱の神が置かれ、協力しあいながら中央の土地を守護すると考えられていた。

平安京（現在の京都）は、こうして四神に護られた代表的な風水都市である。

このとき重要なのは、よいエネルギーの流れが停滞しない、ということだ。

風水ではエネルギーの流れを「龍脈（りゅうみゃく）」といった。龍脈は基本的に、聖なる山から発し、尾根を伝って下へと流れおちてくる。そのエネルギーが平地になると、地表に激しく噴出するスポットがあるとされ、それを「龍穴（りゅうけつ）」と呼んだ。

四神の風水都市では、龍穴は北部にある小高い丘にあると考えられた。そこから守護された平地へと吹きだし、都市をよいエネルギーで満たすのだ。したがって龍穴の直下にある都市の北部は、もっともすぐれたパワースポットということになる。だから天皇が暮らす内裏は都の北端につくられ、南を向いていたのだ。

さて――これが一般的な風水における聖地の選び方ということになるが、古代の祭祀において重要な役割を果たした神社もまた、多くの場合、パワースポットに置かれることが多かった。

また、古代祭祀においては、太陽や月、星座の動きから四季を読みとることも重要とされた。そのとき、冬至、春分、夏至、秋分というのは、太陽にとってひとつのターニングポイントとなる。

冬至は、太陽の活動がもっとも弱まると同時に活発化へのスタート地点でもある。キリストの「誕生」日であるクリスマスが冬至と重なっているのには、死と再生の意味もあるのだ。同様に、春分と秋分は昼と夜が等しくなる中間点だし、夏至はこれから太陽が弱まっていく(死に向かっていく)スタートとなるのである。

そうやって神社――とくに由来の古い社――を見ていくと、歴史に記されていない古代の人々の思想、信仰、文化などを垣間見ることができるのだ。

出雲国譲りラインと古代の覇権争い

日本列島に張られた国土支配の結界

「国譲り」という神話がある。アマテラスの使者、タケミカヅチが、出雲の支配者であるオオクニヌシに「国譲り」を迫ったというものだ（詳細は二十四ページ参照）。

このとき、タケミナカタがタケミカヅチに両手をもがれ、現在の諏訪湖あたりで、「自分はここから決して離れないので許してほしい」と命乞いをしたことはすでに書いた。

本稿で注目したいのは、これら三柱の神が現在、鎮座している場所についてだ。

オオクニヌシは、島根県の出雲大社。タケミナカタが約束したのは、現在の諏訪大社だ。

そして勝者のタケミカヅチだが、この神は茨城県にある鹿島神宮の祭神となっている。

興味深いのは、三つの神社を結ぶと、ほぼ東西一直線になるということだ。

それだけではない。

このラインには、タケミカヅチとともに派遣されたフツヌシ（『日本書紀』による）を祀った香取神宮、オオクニヌシのもうひとりの息子であるコトシロヌシを祀る島根県の美保神社も入っている。国譲りに関係する神々が見事に一本のラインで結ばれているのだ。

興味深いことはまだある。

出雲国譲りライン。物語に関係した神々がほぼ一直線上に並ぶ。

ラインの東西端に位置する神社（出雲大社と鹿島神宮）の御神体の配置だ。

出雲大社は南を向いた本殿を、何重もの柵で閉じこめるかのように囲んでいる。それはまるでオオクニヌシを幽閉するかのようであり、御神体は、西を向いている。一方、鹿島神宮では、本殿も拝殿も北を向いているのだが、御神体だけはなぜか東の方角を向いている。この対比は何を意味するのだろうか。

おそらくこのラインは、大和朝廷が東へ勢力を延ばす過程における、結界のような役割を担っていたのだろう。だから服従させたオオクニヌシには畿内（朝廷の方角）を向かせず、蝦夷という敵と対峙する防衛ライン東端のタケミカヅチには、北を睨ませたのである。その名残りが、このラインなのだ。

太陽の道とイザナギライン

神社どうしを結んだ太陽の道

総論で述べたように、神社と神社の位置関係は、古い時代の人々の信仰や生活を知るうえできわめて有効なデータとなる。

神社はパワースポットに建てられることが多いと書いたが、そのパワースポットどうしをつないだ神社の「ライン」もまた、大地に刻まれたエネルギーの記憶なのだ。

イギリスで「レイライン」と呼ばれるものがある。大地を流れる目に見えないエネルギーのことで、古代の聖地はほぼ例外なくこのライン上に建てられ、相互にエネルギー・ネットワークを形成していた、という思想だ。洋の東西は違うが、風水における龍脈の思想ときわめてよく似たものといえる。

そして龍脈のエネルギーの流れが本当にレイラインと同じであれば、神社という聖地も大地のエネルギーが地表に噴出する場所に建てられており、同時にそのエネルギーを最大に受けることができる、有数のパワースポットになっている、ということになる。

そしてもうひとつ、神社どうしの配置は、古代の「太陽の道」とも深く関係している。

具体的にいうと、太陽崇拝のラインだ。

鍵になるのは春分・秋分の日に太陽が昇り

没する東西のラインと、夏至の日の出と冬至の日没、冬至の日の出と夏至の日没の三つのラインだ。

神社や聖地の多くは、こうした四季折々の太陽のラインを意識し、それと密接に関係しながら配置されているらしい。

たとえば日本列島誕生の神話にまつわる淡路島の伊弉諾(いざなぎ)神社を中心に、この3本の太陽のラインをそれぞれの方角に伸ばしていくと、多くの重要な神社や聖地がライン上に乗ってくることがわかっている。

もちろんこうしたケースは、日本中で見ることができる。極論すれば日本全国の神社が互いに聖なる太陽のラインで結ばれ、壮大なネットワークを構成しているということもできるのである。

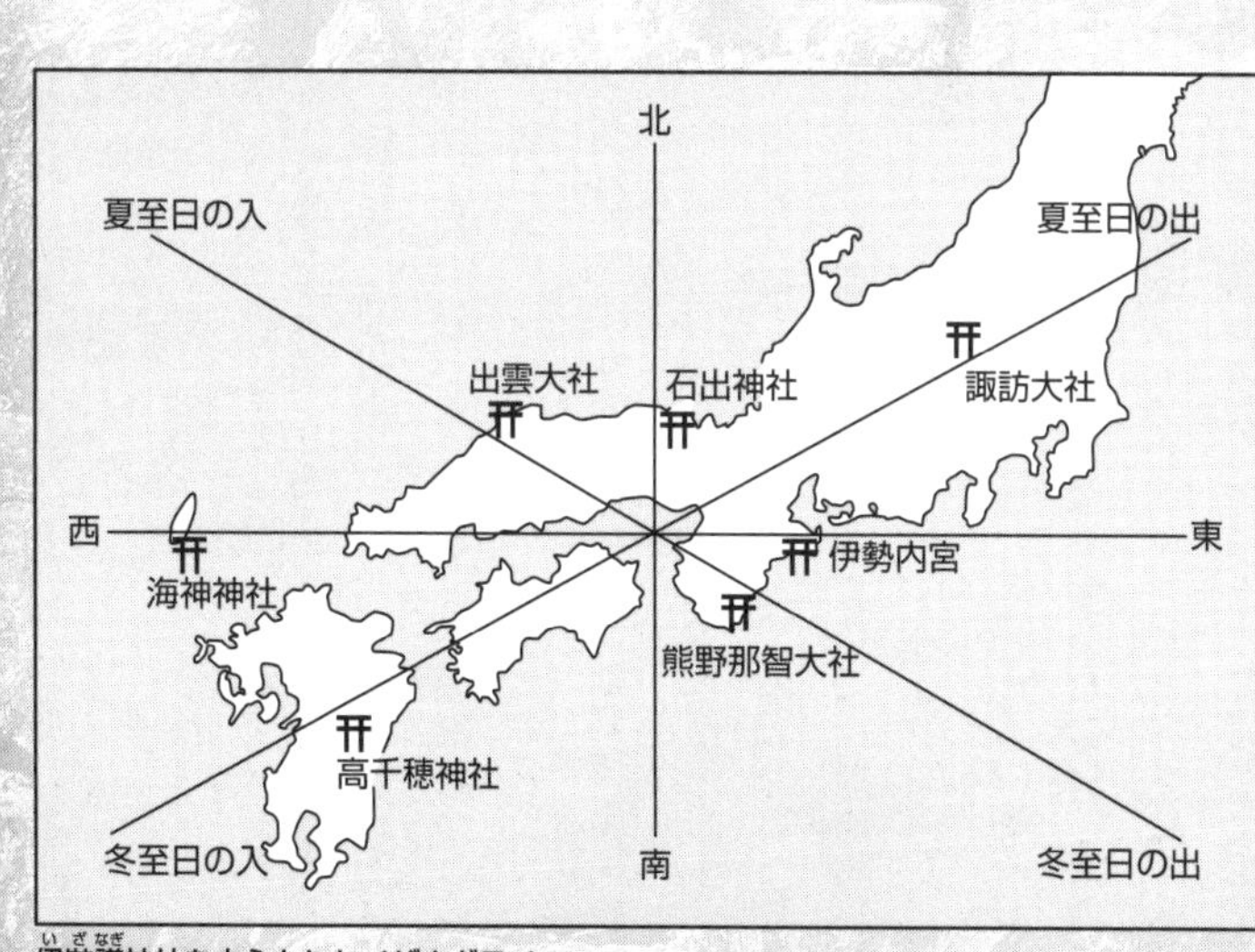

伊弉諾(いざなぎ)神社を中心としたイザナギライン。

スサノヲは大陸の王だった？
ユーラシアに生まれた文明の父

日本神話におけるスーパースター＝スサノヲは、暴風雨など自然災害の象徴だった（二十ページ参照）。同時に祇園社に祀られるスサノオが、日本の神ではなかった可能性も紹介した。その極めつけが、『契丹古伝』という古書に記された逸話だ。

明治三十八（一九〇五）年、中国に従軍していた浜名寛祐という人物が、古い陵墓から発見されたという巻物を見せられた。漢字ではあるが、中国語では意味が通らない。興味をひかれた浜名はこの巻物を書き写したものを入手し、日本へもちかえった。

これが『契丹古伝』で、その後、浜名は文中に上代の日本語と共通する語彙があることに気づき、ついに全文を読みとく。

「契丹」というのは、モンゴル系騎馬民族のことで、ユーラシア中原に大帝国を築いたが、フビライ汗の元帝国に滅ぼされた国だ。歴史を書き記す習慣がなかったので、『契丹古伝』は唯一の彼らの歴史書だというのである。

それによれば、太古に生命の源である日祖が、海に禊ぎして日孫を生みだした。その名をスサナミコ（スサノヲ？）といった。スサナミコは鳥船に乗って地上に降臨し、現在の

荒ぶるスサノヲ。そのエネルギーの源泉はユーラシア大陸にあった？

白頭山（中国と朝鮮民主主義人民共和国の国境）に移る。その子孫たちはやがて黄河文明を生み、満州から朝鮮半島を支配した。

スサナミコを神祖とする民族を東大神族というが、日本・朝鮮半島・満州・蒙古の諸民族は、すべてこの東大神族から分派したものだと同書は説く。つまり日本民族のルーツは、ユーラシア大陸にあるというわけである。

肝心のスサナミコだが、スサノオと同神であることは、その行跡から明らかだ。それどころかスサノヲは、日本のみならず東アジアすべての文明の父だというのである。

さらにいえば、スサノオは鉄器をつくる産鉄民と深いかかわりがある神でもあった。スサナミコの子孫の拡大は、大陸から製鉄技術が伝わる軌跡と見ることもできるのである。

東北の〝鬼〟を封じる北斗七星

田村麻呂が大地に刻んだ大結界

青森県津軽地方には、坂上田村麻呂による創建伝説や勧請伝説をもつ七つの神社がある。

具体的にいうと、①横内妙見堂（青森市）②浪岡八幡宮（青森市）③猿賀深沙宮（平川市）④鷹岡熊野宮（弘前市）⑤百沢岩木山（弘前市）⑥村市毘沙門堂（西目屋村）⑦乳井毘沙門堂（弘前市）だ。

これらをある順番で線でつなぐと、ぴたり北斗七星の形になる。しかも大きさが尋常ではない。東西約四十二キロにもわたる巨大な北斗七星が出現するのだ。

おそらくこれは、坂上田村麻呂によって大地に刻まれた巨大な「魔法陣」に違いない。

ではなぜ、田村麻呂はそのようなことをしたのだろうか。ある郷土史家は、次のような興味深い指摘をしている。

「鬼神の横行やまない奥州に官兵五万八千を率いた田村麻呂が来て、津軽には七社を建立して武器を伏せ、将軍が居ますが如くの秘法を残した」（『津軽の伝説2』）

この説明によれば、北斗七星の形を形成する七つの社は、東北で横行していた「鬼神」を鎮めるために田村麻呂が大地に施した封印・結界だというのである。しかもそのとき彼は、それぞれの社に「武器を伏せ、将軍が居ますが如く」の術を施したという。

たしかに村市毘沙門堂（西目屋村）と乳井毘沙門堂（弘前市）で祀る神、つまり毘沙門天は須弥山（しゅみせん）の北方世界を守護し、財宝を護る神といわれている。また、猿賀深沙宮（平川市）の深沙大将の本体も同じ毘沙門天だし、①の妙見でさえも、津軽地方では毘沙門天と習合している神なのだ。つけ加えるならば、坂上田村麻呂自身、「毘沙門天の化身」と呼ばれる武将だったのである。

つまり津軽の北斗七星は、大地に張られた毘沙門天の法力による結界、ということになる。それは、まつろわぬ民として中央――大和――を悩ませつづけた東北に対する、武神呪術による封印の痕跡だったのだ。

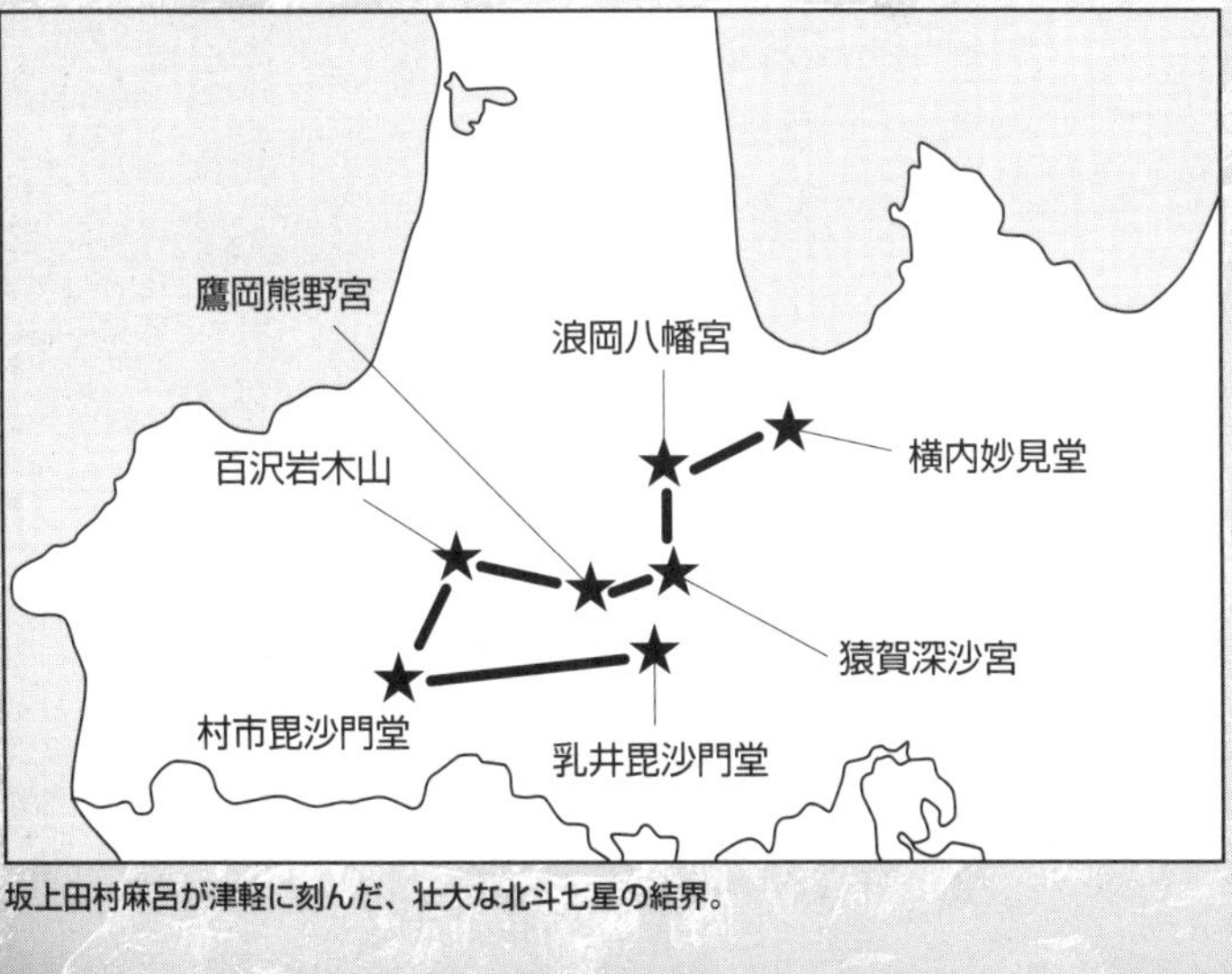

坂上田村麻呂が津軽に刻んだ、壮大な北斗七星の結界。

出雲大社は牢獄だった？

幽閉され、監視されたオオクニヌシ

第一章で書いたように、国譲り神話からはアマテラス系譜の天皇家軍（大和朝廷軍）と戦い、敗北したオオクニヌシ系統の出雲軍という図式が浮かびあがってくる。オオクニヌシは天にも届くような壮大な御殿を建て、そこに隠遁すると約束したが、これはまさに小出雲の王であるオオクニヌシを幽閉するための「牢獄」だったと解釈できる。

その出雲大社創建以来、オオクニヌシを祀りつづけてきたのが出雲国造家で、現在でもなお、出雲国造家につながる千家家が出雲大社の宮司をつとめている。

この出雲国造家だが、最初に出雲大社の祭祀を担ったアメノホノヒを始祖としている。アメノホノヒは、アマテラスとスサノオが誓約をしたときに、アマテラスの右のみずらに巻いた勾玉から生まれた神だ。

したがって——出雲大社がオオクニヌシの幽閉施設だったとすれば——アマテラスは自分の子に命じて、その監視と祭祀を行わせたと解釈することもできるわけだ。オオクニヌシが、たとえ敗者であっても、大和朝廷軍にとっていかに敬意をはらうべき重要な存在であったかを物語っている。

そのことは、現在にいたっても出雲大社の本殿が禁足地とされていて、たとえ皇族であっても立ち入ることは許されないことからもわかる。また、二〇一三年に話題になったように、出雲大社では六十年に一度、本殿の建て替え（遷宮）が行われており、これはアマテラスを祀る伊勢神宮の式年遷宮（二十年に一度）とともに、代表的な神社の遷宮儀式となっているのである。

さらにいうならば出雲大社は、（天皇家の祖神）アマテラスを祀る伊勢神宮を頂点とする神社本庁――日本神道界のピラミッド構造――にも属せず、独自の神道を築いている。

もしかするとこうしたことも、本項で記したような「歴史的事実」が、背景にあるのかもしれない。

出雲大社本殿の古写真。かつては日本有数の高層建築物だった。

失われた神を祀るアラハバキ神社

現代に残る縄文神の痕跡か？

アラハバキという神が、かつて日本列島にいた。漢字では「荒脛巾」などと書くが、現在ではあまり見慣れない名前だろう。

実際のところ、この神についてはよくわからないところが多い。どうして生まれ、どこでどのようにして信仰されていたのか、ほとんどわかっていないのだ。

ただ、関東を中心にアラハバキを祀る神社は現在でも百五十ほどあるといわれている。ただ、客人神（門客神）であるケースがほとんどなので、どうしても目立つことが少ない。

そこでよくいわれるのは、縄文時代に祭祀されていた神の名残ではないか、という説だ。

つまり、大和朝廷が成立し、地方支配が進んでいくとともに消され、あるいは消えていった古い時代の神々が残されたものではないか、というのだ。

また、次章で紹介する『東日流外三郡誌』にでは、遮光器土偶の絵とともにアラハバキ族という集団が紹介されている。同書では、神の名ではなく、その神を信仰する集団名だったというのである。

この集団が、大和朝廷のいう「まつろわぬ民」だったことはいうまでもない。アラハバキとは、「まつろわぬ民」が信仰した縄文神だった、というわけである。

なお、アラハバキとの関係は不明だが、長野県諏訪市には手長神社、足長神社というのもある。手長・足長というのは、名前のとおりの怪物、一種の巨人伝説で、東北や中部日本で見ることができる。

あるいは、土蜘蛛（つちぐも）というものもある。記紀によれば、日本列島に住んでいた「穴に住む人々」の総称とされているが、おそらく先住民族のことだろう。『肥前国風土記』には、ニニギノミコトが日向に天孫降臨してきた際に、まだあたり一面が闇だったため、土蜘蛛が空を明るくする方法を教えたという記述もある。

アラハバキは、かつて日本列島を覆っていたこうした古い信仰の痕跡なのだ。

アラハバキの神を祀ったアラハバキ神社。古き縄文時代の祭祀の名残りとされる。

ニギハヤヒと物部神社

神武軍と戦った高天原の子孫

ニギハヤヒという神がいる。

物部(もののべ)氏の祖先神であり、物部神社の祭神でもある。神武天皇が東征してくるまでは、大和地方の支配者でもあった。

『日本書紀』などによればニギハヤヒはアマテラスの孫であり、三十二柱の神を従え、天磐船に乗って河内国河上の哮峯(たけるがみね)に天降っている。その後、大倭国鳥見白庭山に移り、土豪ナガスネヒコの妹を娶(めと)って大和地方を治めていた。そこに攻めこんできたのが神武天皇(イワレヒコ)軍で、彼らは最終的にナガスネヒコ軍を打ち破る。

このときナガスネヒコは、自分は天から降った神の子に仕えていると主張した。そこでイワレヒコは、高天原から伝えられた天羽々矢を見せる。じつはニギハヤヒも同じものをもっていたのだが、イワレヒコのほうが自分よりも嫡流に近いことを知ると、ニギハヤヒはナガスネヒコを殺してイワレヒコに帰順した。こうして大和の国譲りがなされたのだ。

しかし実際には、ニギハヤヒとイワレヒコのあいだでも激しい戦闘が行われた可能性は高い。ニギハヤヒを祖とする物部氏は、のちに大和朝廷の有力豪族になったが、記紀が編纂される際に、祖神がイワレヒコと戦ったと記録されるのを嫌ったのではないか。

それともうひとつ、イワレヒコがあっさりと、ニギハヤヒを天孫族の御子と認めてしまったことも興味深い。それはつまり、イワレヒコがやってくる前に、ニギハヤヒが大和を支配する「正当性」があったことを、イワレヒコ自身が認めているに等しいからだ。

それが何だったのか、もちろん記紀には書かれていない。しかし、ここにも物部氏が深くかかわっていたことは、おそらく間違いないだろう。ちなみにニギハヤヒは、「十種神宝（とくさのかんだから）」と呼ばれる秘儀（死者を甦らせる法だといわれている）とともに、天上界から降りてきたとされる。この秘儀の行方とともに、きわめて気になる神なのだ。

物部氏の祖神であるニギハヤヒを祀った唐松神社。神話上では、きわめて重要な神だ。

四天王寺は神社だった？

太子創建の寺に隠された秘密

大阪市四天王寺区にある四天王寺といえば、現存する日本最初の公式な寺とされる。また、聖徳太子によって建立された寺としても知られている。しかしこの四天王寺、もとは寺ではなく神社だった可能性があるという。

その証拠とされるのが、四天王寺参道にある鳥居だ。鳥居は寺ではなく、神社のシンボルなのである。いや、神仏習合による後世の作ではないか、と反論されるかもしれないが、それは違う。四天王寺が発行しているパンフレットも、この鳥居について「創建時の木造の鳥居を永仁二（一二九四）年に忍性上人が詔を奉じて石造りに改めたのが現在の鳥居である」と説明しているからだ。

「創建時」とある以上、鳥居の建設は飛鳥時代ということになる。聖徳太子も存命中だった。つまり鳥居があることは、聖徳太子も承知していたと解釈できるのである。

もちろん、鳥居があるだけでは、決定的な証拠にはならない。

太子の時代、四天王寺は現在の場所にはなかった。それは三キロほど離れたところ、現在は森ノ宮神社と玉造稲荷神社があるあたりにあったとされる。そのため そこは「元四天

四天王寺の鳥居。これは再建されたものだが、鳥居は創建当時からあった。

王寺」と呼ばれているが、森ノ宮神社の社伝によれば、かつては「広大な敷地を持ち、本殿、拝殿をはじめ……華麗で目を驚かすばかりだった」ようだ。

本殿と拝殿……つまり森ノ宮神社は、もともと神社だった。当たり前のことだ。しかし、ここが元四天王寺だったとすれば、四天王寺もまた神社だったということになる。

たしかに四天王寺の由緒書には、蘇我氏と物部氏の戦いにおいて、若き聖徳太子が戦勝を祈願し、勝利したなら四天王を安置する寺を建てると誓願したと書かれている。

しかし玉造稲荷神社の社伝では、太子は当社に詣で、神に祈願したと書かれる。

どちらが正しいのか、少なくともそこに疑念を挟む予知は十分にあるのだ。

神社のはじまりと日本人の信仰心

神社と神道は、いつ、どうやって始まったのか。

そもそも日本列島に人が住みはじめたころから、彼らはすでに今日の神道につながる宗教的祭祀を行っていたと思われる。

精霊崇拝（アニミズム）と呼ばれるスタイルで、自然界に宿る精霊＝神の力を崇め、祀ることで災いを遠ざけるのを目的とするものだ。このとき神と人間の仲介をする者はシャーマンと呼ばれた。ベースにあるのは大自然に対する畏敬の念であり、それは今でも変わることはない。

神社というと鳥居や拝殿、神殿をイメージしがちだが、これは後にできたもので、もともとは木や石を神の降りる「場」として崇拝するのが原始神道のスタイルだった。樹木に神を降ろしたものは神籬（ひもろぎ）、神が宿る岩の祭場は磐境（いわさか）という。

この伝統は今日でも着実に受け継がれていて、建築の地鎮祭では神籬を前に神職が祝詞（のりと）をあげる風景を見ることができるし、神社のなかには本殿の奥に、神が宿る巨石＝磐境を祀っているところも多い。

しかし日本人はやがて、自分たちの祖先にも神＝祖霊を見て、神社に祀るようになった。これが氏神、祖先神である。

『古事記』や『日本書紀』で説かれる神話は、大ざっぱにいってしまえばこうした自然神から（天皇家の）祖先神への、世界の主権の移り変わりと読むこともできる。日本列島（大地）や穀物、水、火などを産んだ自然神からアマテラスを中心とする祖先神へ。日本の歴史は、神々の変遷史でもあるわけである。

第四章
超古代文献と古代文字

総論 超古代文献とは？

現存する日本最古の歴史書は何かと問われれば、多くの人は『古事記』と『日本書紀』（記紀）と答えるだろう。それ以前にも『天皇記（すめらみことのふみ）』『国記（くにつふみ）』などの歴史書が書かれたという記録はあるが、いずれも火災などで焼け、現存していない。

だが日本には昔から、記紀以前の書と称される歴史書がいくつも存在する。ただ、多くは「偽書」と見なされ、なんら歴史的・資料的価値はないと無視されてきた。

偽書というのは要するに、来歴が不明瞭であったり、内容の検証ができない、ということだ。あるいは記述内容に明らかに後世の筆が入ったと推測される痕跡が見られる部分もあるから、学問的にはとうてい受け入れられないものなのかもしれない。

これら一連の「記紀以前の書」が、「超古代文献」あるいは「古史古伝」と呼ばれる古文書だ。「超古代」というのは、古代よりもさらに古い時代――数万年からときには数十万年――の歴史的記述が見られるからで、多くの人は、これだけで最初から荒唐無稽（こうとうむけい）な話と決めつけてしまう。

しかし、『古事記』も『日本書紀』も、書きはじめは神代（かみよ）はおろか世界の誕生から始まるわけで、大差はない。

それに加えて超古代文献では、正史には見られない神々の存在や、地上に降りてきたばかりの天皇家初期の歴史が記紀とは異なる描写で書かれている。

その具体的な内容については、本章で説明していくことになるわけだが、興味深いのはこれらの多くが天孫降臨初期、つまりウガヤフキアエズから初代神武天皇までのあいだに、記紀では見ることができない別の歴史を記している点だ。

その名を「ウガヤフキアエズ朝（もしくはウガヤ朝）」という。記紀ではひとりとされるウガヤフキアエズが、複数代の王朝名だったというのである。

実際、『古事記』や『日本書紀』におけるウガヤフキアエズの立場が微妙に軽く描かれていることもまた事実である。

そもそも神武天皇は最初の人皇（じんのう）、最初の天皇家の「人間」ということになる。逆にウガヤフキアエズは最後の神であり、最初の人間の父親だ。神から人間へ変わる鍵となる人物なのだ。それなのに、ウガヤフキアエズがこの地上世界で何をしたのか、記紀ではほとんど触れられていない。

それをつなぐものとしても、超古代文献はとても興味深いのである。

『竹内文書』
古史古伝世界のスーパースター

記紀のルーツになった書

茨城県北茨城市に、皇祖皇太神宮(こうそこうたいじんぐう)という社(やしろ)がある。

同神宮によれば、天神五代の時代に始まった祭祀をルーツとする、日本でもっとも古い宮であるという。以来、神宮の管長職を代々世襲してきたのが竹内家で、そこに伝わる古文書、資料、遺物類の総称を『竹内文書』あるいは『竹内文献』という。

同書が伝えるところによると、最初の祭祀がどこで行われたのかはよくわからないが、天神六代になると天孫降臨によって飛騨高山の位山(くらいやま)に社が創建された。その後、皇祖皇太神宮は越中(富山県)に移されるが、弾圧を受けたことや時代の変遷により、次第に勢力が衰退。いつしか完全に歴史の表舞台からは消え去ってしまったが、竹内家は「時が至れば皇室に奉還すべきもの」として、数々の古文書類を守りつづけてきたのだという。

古文書類は、神代文字(じんだいもじ)(百二十八ページ参照)と呼ばれる古代文字によって書かれていたが、雄略天皇の時代、平群真鳥(へぐりのまとり)が後代の人が見てもわかるようにと、漢字カナ混じり文に書き改めることになった。

そしてこの「翻訳文」のうち、公開するわけにはいかないと秘匿された天神七代の歴史を除いたものが、のちに『古事記』や『日本書紀』の原本となったのだという。

また平群真鳥は、武内宿禰の孫にあたるという。武内宿禰は、天皇の命により「武内」から「竹内」に姓を改め、真鳥の子孫は竹内姓を名乗ることになった。

空襲によって神宝は焼失

その『竹内文書』が長い潜伏期を経て、世に出たのは、昭和になってからのことだった。

竹内宿禰から六十六代目にあたるという竹内巨麿という人物が、明治四十三年に越中にあった皇祖皇太神宮を現在の茨城県北茨城市

謎の歴史書『竹内文書』の一部が収められていた壺（写真＝八幡書店）。

に再興し、皇祖皇太神宮天津教（あまつきょう）を設立したのである。彼は竹内家の養子だったが、その養祖父から家宝として贈られたのが『竹内文書』だったのだ。

先ほど、古文書、資料、遺物類などと書いたが、実際のところ文書以外にも鏡やモーセの十戒石と称する遺物、古代の地図、ヒヒイロカネなる謎の金属でつくられた剣など、膨大な量の宝があった。巨麿は、これはそのうちのごく一部だとして、昭和三（一九二八）年に一般公開したのである。

その内容をひとことでいうと、宇宙創生から神々の降臨、人類の誕生、そして超古代文明の興隆と衰退という、壮大な物語だった。

また、世界は日本列島を中心にして興（おこ）っており、日本はあらゆる文明の発祥の地であるとする。当然、天皇は日本のみならず「世界の天皇」であり、世界の偉人はことごとく日本に留学している。さらにいえば、同文書には伝説のムー大陸やアトランティス大陸の記述さえ見ることができた。

しかしこうした内容は、当時の日本の政治的状況にそぐわなかった。

伊勢神宮をトップとし、天皇を絶対のものとする国家の姿勢に対し、「異論」を唱えるものだったからだ。それもそのはずで――詳細は本書の後半で説明していくことになるのだが――『古事記』『日本書紀』では語られなかった上古の秘密を解き明かしているのだから無理もない。

こうして昭和十一年四月、竹内巨麿は不敬罪により起訴された。

裁判は昭和十七年、同十八年と二回の有罪判決を受けたものの、昭和十九年には大審院（現在の最高裁）で逆転無罪となる。

しかし、一件落着とはいかなかった。なんと大審院に証拠として押収されていた約四千点にも及ぶ『竹内文書』の神宝が、昭和二十年の東京大空襲によってことごとく焼失してしまったのだ。

そのため、現在の皇祖皇太神宮に残されている『竹内文書』は、巨麿が書き写したという文書の一部（ただしこれだけでも相当な量があるとされる）と、押収を免れて残された一部の神宝類にすぎない。

しかし現在でも「古史古伝」「超古代文献」といえば、最初に『竹内文書』の名が挙がる。この世界のビッグネームなのである。

怪教・天津教廳の偉容？ 【上】鳥居 【下】全景

まづ紋章を處分
天津教廳に手入れ
水戸の碩學が一瞥した寶物
所轄署取調べに著手

淺川まで省電 廿日から

年末年始 臨時列車

家族を呼出し
散々に盗む

天津教に入った強制捜査の様子を報道する当時の新聞。貴重な資料の多くが押収された。

『東日流外三郡誌』

津軽王朝の存在を告げる東北の資料集

天井裏から落ちてきた古文書

『東日流外三郡誌（つがるそとさんぐんし）』――「東日流」は「ツガル」、「津軽」のことだ。すなわち『東日流外三郡誌』とは、津軽地方を中心とした超古代東北王朝の史書である。

同書によると成立は江戸時代末期と比較的新しい。

このころ、神武天皇東征の際に大和地方で激しく抵抗したナガスネヒコと兄アビヒコの子孫とされる東北の旧家、秋田家の秋田孝季（たかすえ）と婚籍関係にあった和田家の和田長三郎が、津軽地方の古文書や伝承、さらには全国を行脚して集めた資料類を編纂したとされる。

行脚したのは、寛政元（一七八九）年から文政五（一八二二）年まで。

だが、同書が世に出るまでは、そこからさらに長い時間がかかった。

きっかけは昭和二十二（一九四七）年のことだった。

青森県五所川原市在住で、神官の家系に連なるとされるW氏が自宅改築中、天井裏から長箱ごと落ちてきたのだという（ただし、この証言については年代や状況の説明が二転三転しているという指摘もある）。

W氏はその内容に驚愕し、公表するのをためらっていたとされるが、昭和五十（一九七五）年、思いもかけない形で『東日流外三郡誌』は世に出ることになる。なんと市浦村（当時。現在は五所川原市）から『市浦村史資料編』として出版されたのだ。

公的機関からの発行というインパクトはかなりのもので、しかもその内容が中央政権に対する東北地方からの歴史的アンチテーゼというものになっていたため、大反響を巻き起こすのである。

東北へ逃げたナガスネヒコ

前述のナガスネヒコは、記紀では神武天皇（当時はイワレヒコ）に寝返った義兄のニギ

青森県五所川原市の民家の屋根裏から落ちてきた『東日流外三郡誌』（写真＝八幡書店）。

ハヤヒによって殺されるのだが、『東日流外三郡誌』では、このナガスネヒコがきわめて重要な役割を果たしている。

同書によれば、古代の津軽地方（岩木山）には、阿蘇辺（アソベ）族という自然と平和を愛する人人が住んでいた。ところが彼らは、大陸からやってきた好戦的な津保毛（ツボケ）族に征服されてしまう。そしてここに、神武天皇に敗れた（殺されなかった）ナガスネヒコと兄のアビヒコが落ちのびてくるのだ。

ここで地元の住民たちと手を結んで津軽王となったアビヒコは、彼らの神であるアラハバキにちなみ、アラハバキ族と名乗るのである（有名な遮光器土偶はこのアラハバキ神の姿だという）。

やがてアラハバキ族は大和朝廷に復讐戦を挑み、一時は近畿地方を奪回するまでになるが再び敗れ、その後は長く東北地方を支配するようになった。このアビヒコの血統は前九年の役で滅亡する安倍氏へと受け継がれ、さらに津軽の安東（あんどう）氏へとつながる。彼らは安東水軍として、十三湊（とさみなと）という国際港を建設。世界を舞台に活躍する海洋民族として名をはせるのだが、室町時代の大津波で壊滅してしまうのだ。

ただし登場の不自然な経緯もあって、『東日流外三郡誌』については疑念も多い。さらに内容や記述にも不審な点が多々あるとして、学者を巻きこんで真贋（しんがん）論争も起こった。

たとえば、W氏が骨董の模造品をつくる専門技術者であったことや、W氏の死後に自宅に調査に入ったところ、天井裏には古文書を

『東日流外三郡誌』に描かれたアビヒコとナガスネヒコの絵（写真＝八幡書店）。

隠すスペースがなかったなど、かなり否定的な見解も提出されている。

その意味では、もっとも批判と検証を受けた古史古伝のひとつといってもいいのだが、あえてここで真偽を問うことはしない。

おそらく同書の本当の存在意義は、これまで歴史上は常に西国に遅れ、従属する立場と見られてきた東北地方が、実際には独自の文化をもつ独立国だったという発想の転換、中央と辺境という固定された関係の見直しを迫ったことにある。

さらにいえば、それによって従来の歴史学では見落とされてきた地方からの視点という、いわゆる「東北学」や「関東学」などといった新たな学問、歴史の見直しというムーブメントの契機にもなったはずである。

『カタカムナ文献』

平十字から与えられた超古代の技術書

丸と直線を組み合わせたような「カタカムナ図象文字」で書かれた『カタカムナ文献』は、超古代の技術書だといわれている。

昭和二十四（一九四九）年の冬、楢崎皐月という技術者が兵庫県六甲山系にある金鳥山の穴にこもり、大地の電気を測定する実験を行っていた。そこに見知らぬ老人が現れ、楢崎の実験装置のせいで動物たちが困っているからやめてくれ、と訴えた。

その後、楢崎と親しくなった老人は、自分はカタカムナ神社の宮司、平十字であると名乗った。そしてカタカムナ神社の御神体であるという、不思議な文字で書かれた巻物を見せたのである。これはその昔、芦屋に住んでいたカタカムナ人が記したもので、族長である「アシアトウアン」は天孫族との戦いに敗れ、九州で死んだのだと平は語った。

戦時中、満州にいた楢崎は、中国文化は日本に住んでいたアシア族からもたらされたものだという話を聞いたことがあった。そのアシア族とカタカムナ人、そしてアシアトウアンが、楢崎のなかでつながった。

楢崎は平老人に懇願し、書き写す許しを得たが、文章は難解で解読は困難をきわめた。

というのも『カタカムナ文献』の内容は、現代科学のような論理の提出と実験による検証といったシステマチックなものではない。直観と自然現象を統合する、きわめて高い精神性を必要とするものだったのだ。

しかし楢崎は苦心の末、ついに解読に成功。

そこには今日でいうところの自然農法やフリーエネルギーの技術、さらに住人や動物、植物を繁栄させるのに最適な土地（これを「イヤシロチ」という）の見分け方や土地の改良方法などが書かれていた。

まさに古代の技術書、自然法則と科学法則の書、現代でいえばエコロジーの書だったわけで、現在でもこの『カタカムナ文献』の先進性は、自然農法や建築など、さまざまな分野で活用すべく研究が行われている。

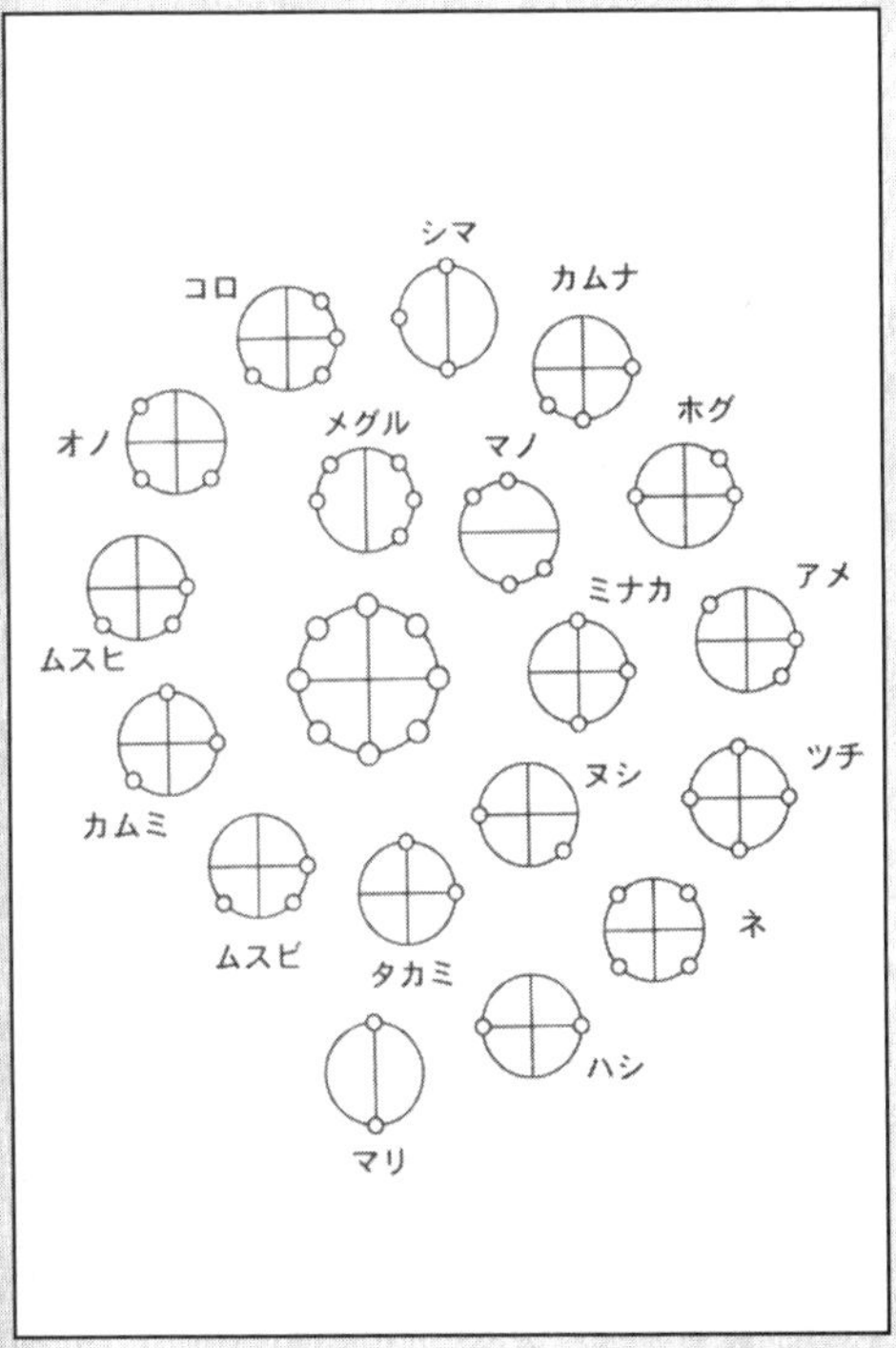

『カタカムナ文献』で使用されていたカタカムナ文字。図形状の文字が、渦巻きで記される。

『上記』あらゆる叡智をおさめた超古代の百科事典

『上記』には、宗像本と大友本の二種類がある。前者は豊後国（現在の大分県）大野郡土師村の宗像家にあった古文書を、国学者である幸松葉枝尺が筆写したもの。後者は同じ豊後国海部郡臼杵福良村の大友家に伝わっていたとされる写本で、鎌倉時代に豊後の国守だった大友能直が散逸文書を集めさせ、編纂したものだという。

能直は源平の騒乱で古文書が散逸していることを憂い、家臣に命じて全国から古文書を収集。さらに豊後領内にいた山の民の古老七十六人から古代の伝承を採録した。そのせいもあり『上記』は山の民（サンカ）の古文書を奪ったものという話も伝えられていた。

内容は超古代の百科事典とも呼べるもので、アメノミナカヌシに始まる神代の歴史はもちろん、天文学、冶金、民俗、地誌、産業、交通、外交、軍人、教育、医学、海外事情など多岐にわたる。

歴史の表記も記紀とは大きな食い違いがあり、たとえばイザナギとイザナミの国産み神話でも、『上記』では日本列島だけではなく、世界の「大陸」も産んだと記す。エゾ、オロ、イクツムロ、イクツフキ、カル、リキウ、ア

モ、アカ、ココカルウカルといった島々で、オロはロシアではないかといわれている。

また、日本神話に太陽と月以外の天体に関するものが少ないという指摘が古くからされているが、『上記』では、多くの神々が星神として天上に配置されており、その運行まで記録されているのである。

しかもデータは正確で、研究家の田中勝也氏によれば、大分県九住山の山頂を観測地として計算した場合、星神の配置から、西暦六〇〇〜一四〇〇年の時期に観測が行われたと推測できるのだという。

なお、『上記』『うへ津婦美（上つ文）』『上記直訳』『上記鈔訳』は国立公文書館で、また『上記鈔訳』は、国立国会図書館で閲覧することが可能である。

一部では山の民の歴史書を強奪したとも噂された『上記（うえつふみ）』。

『富士宮下文書』

徐福が記した富士古代王朝の歴史書

古文書の由来と消失の危機

『富士宮下文書』は富士山近くの旧家・宮下家に伝わる文書で、別名を『富士文書』『富士古文献』『徐福文献』などともいう。

紀元前三世紀ごろのことだ。中国の方士・徐福は、秦始皇帝に不老長寿の妙薬を求めるように命じられ、東海の蓬莱山を捜して船で旅に出た。徐福はその後、大船団とともに行方不明になるのだが、じつはひそかに日本列島へ渡っていたのだという。

一行はまず九州へ上陸。次に紀伊半島へ渡り、最終的に富士山麓へとやってくる。『富士宮下文書』によれば、徐福が富士山麓に辿りついたのは、孝霊天皇七十四（紀元前二一七）年のことだったという。

そして当時の富士山の麓には、中国の秦よりもはるかに進んだ文明を誇る「富士古代王朝」があった。このことに徐福は驚愕する。そしてこの国の学問や文化、歴史を学べば学ぶほど、彼の心は揺らいだ。学んだ叡智を始皇帝のもとに持ち帰るべきか、それともここに永住すべきか……。

なぜなら徐福が目にした膨大な量の古文書

は、神代からの歴史や伝承で、しかもすべて「神代文字」と呼ばれる古代文字で記されていたのだ。

結局、徐福は留まることに決め、古文書をわかりやすく編集し、すべて漢字に書き改める作業を開始した。それはまさに生涯をかけた一大事業となり、彼の死後になっても徐福の子孫たちによって継承されていった。

ところが延暦十九（八〇〇）年、富士山が大噴火し、徐福が編纂した古文書を蔵していた阿祖山（あそやま）大神宮は溶岩の下に埋まってしまう。徐福の手による原本も失われたが、幸いなことに天智天皇の時代の写本が残されており、これが相模国高座郡の寒川（さむかわ）神社に運ばれたのだ。その後、寒川神社も弘安五（一二八二）年に洪水に襲われて写本は流さ

宮下家の庭にある倉。このなかで『富士宮下文書』は大切に保管されている。

れてしまう。

このときもまたしても写本があり、それからは宮下家が、文書の一部を屋根裏の棟に縛りつけ、隠しつづけてきたのだ。

昭和になって明かされた全貌

幕末の文久三（一八六三）年初冬のこと。富士山の麓にある明見（あすみ）村の宮下家で、不審火が起こった。凍てつくような冬の風に、炎はたちまち屋敷に広がっていく。このとき、なぜか娘の梅子が、燃えさかる炎の屋敷へひとり飛びこんでいった。

「あれだけは命にかえても守らなければ！」

梅子は屋敷にあがり、屋根裏からたくさんの品々をおろすと、次々と箱に詰めこんでいった。これこそが宮下家が代々隠しつづけてきた『富士宮下文書』である。

「ご神璽（しんじ）」と呼ばれるこの門外不出の宝物は、何重にも重ねられた渋紙で包まれ、歴代当主といえども見ることさえ許されない神聖な品とされてきた。家屋敷に災いが起こったときには、命にかえても最初に「ご神璽」を運びだすようにと、代々語りつがれていたのだ。

知っていたのは梅子だけで、彼女はそれを忠実に守ろうとしたのである。

ところが――。

何者かがいきなり、梅子の側へ忍びよってきた。そして「ご神璽」が詰まった箱を担ぎ、逃げだそうとした。梅子はとっさにその人物を追って屋敷の外へ飛びだした。行く手を叔父たちがふさぐと、男は箱を放りだして逃げていく。振り返ると屋敷は完全に炎に包まれ、

何度も書写が繰り返されてきた『富士宮下文書』の文面。

戻ることは不可能だった。こうして「ご神璽」は、梅子が箱に詰めた文書類をのぞき、いっさいが焼失してしまったのである。

これが、今日、宮下家に伝わる『富士宮下文書』なのである。

その後、明治十六（一八八三）年になると、一部が公開される。タイトルは『神皇紀』といったが、あくまでも『富士宮下文書』のダイジェスト版にすぎない。

だが、昭和六十一（一九八六）年になると、八幡書店から『神伝富士古文献大成』（全7巻）が刊行された。これは『富士宮下文書』をすべて写真撮影し、製版印刷した貴重な資料となっていて、今日では『富士宮下文書』の内容を、だれもが目にすることができるようになっている。

『物部文書』

仏教に敗れた物部氏のその後

飛鳥時代、仏教を受け入れるか否かをめぐって蘇我氏・聖徳太子の連合軍と激しく争ったのが物部氏だ。

その物部氏の祖先神を、ニギハヤヒという(九十六ページ参照)。この神は『古事記』『日本書紀』にも登場する神で、神武天皇(イワレヒコ)が大和に東征してくるより前に、天磐船で大和に飛来し、支配していた。「侵略者」である神武に激しく抵抗したものの、最終的には降伏し、天皇家に帰順している。

ところが、このニギハヤヒが降ったのは大和ではなく、東北地方だったと伝える書物がある。物部氏の子孫が伝える『物部文書』だ。

どこかというと、山形県と秋田県にまたがる鳥見山=鳥海山だ。『物部文書』によれば、ニギハヤヒは鳥海山の日殿山に「日の宮」を建てて、東国を平定した。その後、現在の大和地方まで勢力を拡大したが、そこにやってきたのが神武天皇軍だった。戦いに敗れたニギハヤヒは神武天皇に仕え、子孫は物部氏として大和朝廷を支えたのだという。

だが、蘇我氏(蘇我氏は渡来系の氏族だといわれている)との崇仏・排仏の戦いが勃発すると、神道を守り、仏を排することを主張

した物部守屋の子供、那加世は先祖代々伝わる古文献を抱いて敗走。かつて祖先神ニギハヤヒが降りくだった東北の鳥海山を目指した。そこで日の宮の神官となり、今日まで伝えてきたのが『物部文書』なのだ。

ひとつ驚くのは、敵対したにもかかわらず同書が、聖徳太子の事跡や伝説について詳しく触れ、称賛していたことだった。

ただし、具体的な書物の全貌はいまだわかってはいない。ある重要な古文書が秋田県の唐松神社（日の宮）に秘蔵されているという噂はかなり昔からあったのだが、その一部がようやく公開されたのは、一九八四（昭和五十九）年になってからのことで、現在もなお、『物部文書』は決して他人に見せてはならない門外不出の書とされているからだ。

ニギハヤヒが天降ったとされる鳥海山（写真＝共同通信）。

『九鬼文書』

アメノコヤネが記した神々の書

水軍で有名な紀州（現在の和歌山県）熊野の九鬼家の末裔である丹波国綾部（現在の京都府）の藩主・九鬼家に伝わった古史古伝が『九鬼文書』だ。

その内容は、宇宙開闢から明治時代までの壮大な歴史書である。超古代から古代にかけては神代文字で書かれていたが、奈良時代に藤原不比等によって漢字に書き改められ、以後、時代ごとに新たに歴史が書き加えられながら現代に至るとされている。

作者は明らかにされていないが、最初の神代文字の記録は、九鬼家の祖神であるアメノコヤネの時代に書かれたという。

記紀によればアマテラスとスサノヲにはツクヨミという兄弟がいた。この三柱の神をあわせて「三貴子」と呼ぶが、『九鬼文書』は、三貴子の血統は日本列島のみならず海外にまで広まり、結果として歴史上の聖人たちはみな、日本の神の末裔になっていると主張するのだ。たとえばノアとモーセ、イエス・キリストはスサノヲの、シャカはツクヨミの血を引いているというのである。

さらに同書は、アマテラスはふたりいたと語る。ひとりは日本神話でも有名なスサノヲ

うねるような霊妙な神代文字で書かれた『九鬼（くかみ）文書』。

の姉のアマテラスだが、もうひとりはスサノヲの娘のアマテラスだという。そして現在の天皇家は、本当は娘のアマテラスの系譜上にある、というのである。

第一章でも紹介したように、スサノヲの血統は出雲王朝につながっている。つまり『九鬼文書』では、スサノヲ＝出雲王朝であり、スサノヲの娘＝大和朝廷という図式になっているわけだ。

大本教の出口王仁三郎（おにさぶろう）が『九鬼文書』とスサノヲを重視したのは有名だが、それはこの出雲王朝正統説に強い影響を受けたためだといわれている。

また、『九鬼文書』では聖徳太子を敵視しており、太子こそが古代史を塗りつぶし、歴史を偽造した張本人であるとしている。

『秀真伝』
神道家が捜し求めた伝説の書

『秀真伝（ほつまつたえ）』は全文が五七調の長歌体で、「秀真文字」と呼ばれる古代文字で記されている。

詳しい成立の経緯については不明だが、前半は神武天皇の時代に大物主櫛甕玉命（おおものぬしくしみかたまのみこと）が、後半は景行天皇の時代にその子孫の大田田根子（おおたたねこ）命が編纂したとされる。

もともと、僧侶や神道家の間では、神の書＝神書として読み継がれてきたらしい。江戸時代に国学者の平田篤胤が捜したが見つけることはできなかったといわれているから、やはり一種の「伝説の書」「幻の書」とでも呼ぶべきものだったと思われる。

ところが昭和四十一（一九六六）年に、ある編集者が偶然、東京・神田の古書店で『秀真伝』の写本の一部を発見、それがきっかけで世に出ることになった。

最大の特徴は、日本神話における常識――日本列島は西から東へ拓けていった――に真っ向から反論する歴史観だ。

同書においては、天地開闢の神クニトコタチが最初に治めた土地を「ヨコヨクニ」と呼ぶのだが、そこは陸奥の「ヒタカミ」と呼ばれる地域であると主張する。

「ヒタカミ」とは「日高見」であり、現在の

宮城県仙台地方だ。つまり日本の歴史は（同書によれば世界も）東北地方から始まったというのである。

そのため天皇家の祖先はヒタカミの高天原（現在の仙台地方か？）から筑波山、富士山、近江へと移動し、さらに九州の高千穂へ移ったとされる。神武東征ならぬ、神々による「西征」なのである。

そうであれば当然、天皇家の故郷である高天原も、さらには神道における神社建築のルーツも、すべてが東北にあるということになる。このように同書は、古代における東国の優位性を訴えるものになっている。

ちなみに『秀真伝』によって語られているのは、記紀における神代ならびに人皇十二代の景行天皇の時代までとなっている。

『秀真伝（ほつまつたえ）』。ホツマ文字は、どこか記号のようにも見える。

『先代旧事本紀』と『先代旧事本紀大成経』

聖徳太子の予言を記した謎の書

『先代旧事本紀（せんだいくじほんぎ）』は『旧事紀』あるいは『旧事本紀』とも呼ばれる、天地開闢から推古天皇の時代までの歴史書だ。成立は平安時代末期とされている。

もともと『古事記』『日本書紀』と並んで資料的価値が高い古典とされていただけでなく、伊勢神道や吉田神道など神道思想の成立にも大きな影響を与えた書物だ。

ただし、その序文に、推古天皇の命により聖徳太子が撰したという記述が見られることから、後に偽書扱いされるという不幸な歴史を辿ってきた。

さらに、『先代旧事本紀』の特徴は記紀には見られない神々の記述や、物部氏の祖神であり神道的には重要な位置にあるニギハヤヒに対する説明が多いということにある。ここから同書を、『物部文書』を下敷きに書かれたものではないかとする説もあるのだ。

一方、これとよく似た名前の書に『先代旧事本紀大成経』というものもある。

こちらは全七十二巻というボリュームで、『先代旧事本紀』をもとにして、江戸時代に編纂されたとされる。

成立の過程についても比較的よくわかって

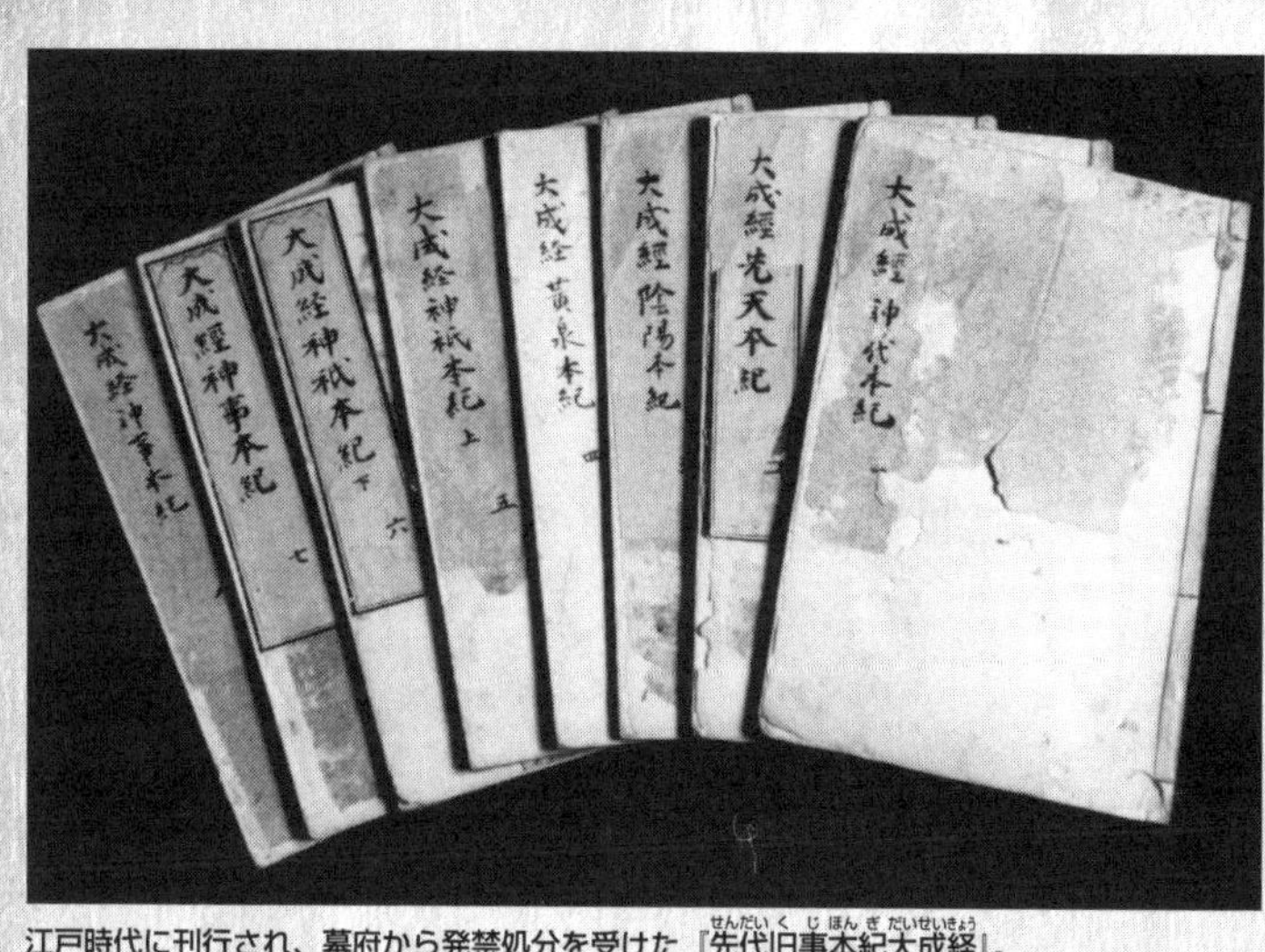

江戸時代に刊行され、幕府から発禁処分を受けた『先代旧事本紀大成経』。

いて、上野国（現在の群馬県）黒瀧寺の僧、潮音が、志摩国（現在の三重県）伊雑宮の祠官、永野采女とともに、伊雑宮に伝えられた古記録をもとに編纂し、これこそが聖徳太子による本物の『先代旧事本紀』であると出版したものであるという。

そのため、同書では聖徳太子による未来予言が数多く収録されており、「太子の予言書」とも呼ばれている。

ただし、こうした経緯から同書は、江戸時代に禁書となっている。理由は出版手続きの不備ということだったが、皇室の祖神であるアマテラスを祀る伊勢神宮の「本拠」は伊雑宮であるという記述が同書にあったため、神官や公家の一部を刺激したせいだともいわれているのだ。

神代文字とは何か?

日本固有の神々の文字があった!?

神社に納められた謎の文字

平安時代に斎部広成が編纂した『古語拾遺』には、次のように書かれている。

「上古の世、未だ文字有らず。貴賤老少、口口相伝え、前言往行、存して忘れず」

つまり、漢字が入ってくるまで日本列島には文字はなかった。そのため、だれもが口々にものごとを伝えあい、いわれたことは決して忘れなかった——と。

しかし、本章で紹介している古史古伝はいずれも、その「上古の世」の記録だ。これまで書いてきたように、これらはいずれも文字によって伝えられてきている。

それこそが漢字伝来以前の日本列島固有の文字、つまり神代文字なのだ。意味はもちろん、神の代の文字ということである。

そんなバカな話はない——ふつうなら、そう思うだろう。荒唐無稽な話だと、一笑に付してしまうかもしれない。

だが——。

たとえば日本各地の神社には、判読不能の古い文字で書かれたお守り札やご神璽と呼ばれるものがある。ここに書かれた文字は「カミヨ（神代）文字」と呼ばれているのだ。
　とくに伊勢神宮の神宮文庫には、古くは『古事記』の語り部である稗田阿礼、『日本書紀』の編者である舎人親王から、藤原不比等、菅原道真、平将門といった歴史上の著名人のものとされる奉納文が多数、納められている。それらはみな、この「カミヨ文字」で書かれているのである。

　また、ひとことで神代文字といっても、きわめて多数多種にわたっている。一説には、百以上の種類があるともいわれており、そのすべてが判明しているわけではない。というのも、地方の神社などにはまだ、知られていない神代文字が残されている可能性もあるからだ。

　さらにいえば、神社ではなく岩に刻まれた判読不明の文字（ペトログリフ）も神代文字

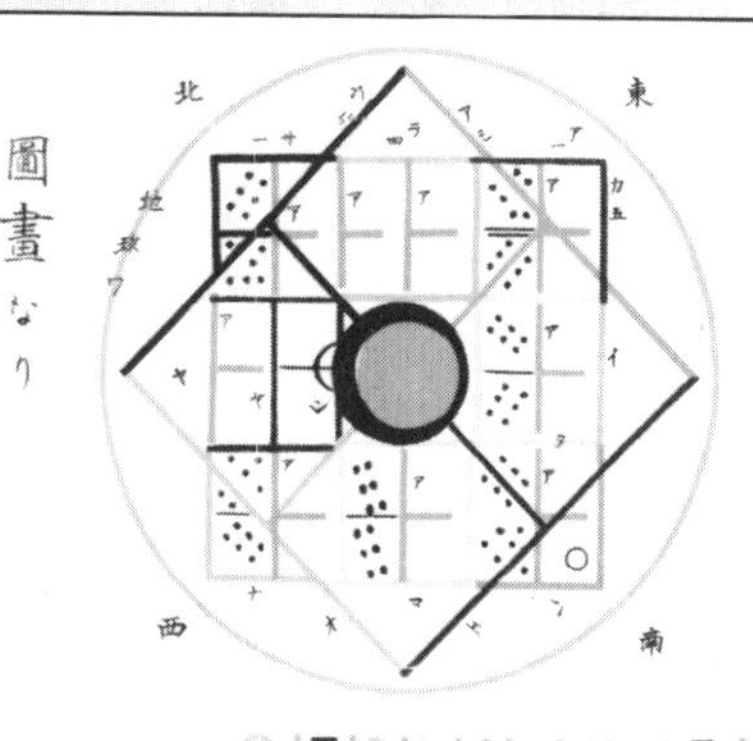

世界のあらゆる文字は日本の神代文字より始まったと説く図版（高畠康明『神字起源解』より）。

の一種といえるし、銅鐸（どうたく）や銅鏡、もっと古くは縄文土器に刻まれた文字らしきものまで含めれば、その数は限りがないのである。

実際、幕末の国学者・平田篤胤（あつたね）は、神代文字の存在を強く主張し、自ら日本各地の古い社などに伝わる文字を収集、書籍にまとめて世に信を問うている。また、吉田神道の吉田兼倶や新井白石なども、神代文字の存在をかたく信じていた。

神代文字のバリエーション

ここからは具体的に神代文字について見ていくことにしよう。

現在判明している代表的なものは、以下のとおりだ。

・アヒル文字――対馬（つしま）の阿比留（あびる）氏に伝わったとされる文字。

・アヒルクサ文字――伊勢神宮の奉納文に多く見られる神代文字で、全体の六割近くを占めている。前述の平田篤胤は、これをアヒル文字の草書体と見なしている。

・イヅモ文字――出雲大社の近くにある石窟に刻まれていたとされる文字で、古代出雲国で使われていたものではないかと推測されている。『竹内文書』では「トヨノ文字」ともいう。また平田篤胤は、この文字が成立した時代を、紀元前八世紀ごろだったのではないかと推測している。

・トヨクニ文字――『竹内文書』や『上記』で使われている神代文字。『竹内文書』ではこの文字が、紀元前七世紀ごろに広く使われていたとされており、さらには現在のカタカ

『竹内文書』の神宝に刻まれた神代文字（写真＝八幡書店）。

ナのルーツにもなっているという。

これ以外にも神代文字には、カタカムナ文字、ホツマ文字、北海道異体文字、さらに銅鐸に刻まれた象形文字風の銅鐸文字、磐座に刻まれたペトログリフのほか、まったくの未解読であっても古代の文字ではないかと推測されるものもある。

しかもこうした神代文字（もしくはよく似た文字）は日本列島のみならず、世界各地の遺跡でも「発見」されている。もしかするとそれもまた、超古代の日本が世界を席巻した証拠なのかもしれない。

もちろん、前述のように古史古伝は、神代文字と不可避の関係にある。相互に研究を補完しあうことなしに、決して研究は進んでいかないのだ。

●コラム● 四

日本の史書の成立とその他の古史古伝

何度も書いているように、現存する日本最古の公式な歴史書は『古事記』と『日本書紀』である。成立年代は前者が712年、後者が720年だ。

『古事記』は神代から推古(すいこ)天皇までの神話・伝説・歌謡を漢字表記にしたもので、『ふることぶみ』ともいう。一方『日本書紀』は、神代から持統(じとう)天皇までの神話・伝説・記録などを漢文で記した編年体の史書で、正式名称を『日本紀』という。

しかし、日本における歴史書の編纂は両書が初だったのかというと、それは違う。

現在、知られているだけでも『天皇記(すめらみことのふみ)』『国記(くにつふみ)』が推古天皇の時代に聖徳太子と蘇我馬子によって編纂されているし、また『帝紀(ていき)』や『旧辞(きゅうじ)』は、記紀を編纂する際の基本史料になったといわれているのだ。

いずれも今日では失われてしまったため——とくに『天皇記』と『国記』は、蘇我邸とともに消失したとされる——内容については推測するしかないのだが、そこには記紀にはない記述があった可能性がある。

また、本章では触れることのできなかった古史古伝としては、『天書記(あまつふみ)』『日本総国風土記』『但馬国司文書(たじまこくし)』、さらには外国由来の古史古伝として『契丹古伝(きったん)』(中国)、『桓檀古記(かんたん)』(韓国)などもある。

いずれにしてもこのように、日本列島の歴史について綴った書物が記紀以前に数多く存在していたことは間違いない。

神代文字と古史古伝の研究も含めて、検証は今後も進められていくべきであろう。

第五章
超古代、日本は世界の中心だった！

総論 雛型の思想

「日本は世界の雛型である」という説明を聞いたことがあるだろうか。

ごく簡単にいえば、「日本は世界のあらゆる出来事の縮図になっている」という考え方だ。したがって、日本で起こったことは必ず世界でも起こるし、その逆もまた真であるということになる。

もともとは大本教の出口王仁三郎がいいだしたもので、参考までにつけ加えておくと、その大本教は古史古伝のひとつである『九鬼文書』ときわめて深い関係をもっていたことで知られている。

ともあれ、王仁三郎は『いろは神歌』のなかで次のように説明する。

「日出る国之日の本は、全く世界の雛型ぞ。（中略）我九州は阿弗利加に、北海道は北米に、台湾嶋は南米に、四国の嶋は豪州に、我本州は広くして、欧亜大陸其儘の、地形を止むるも千早振、神代の古き昔より、深き神誓いの在すなり……」

九州はアフリカ大陸に、北海道は北米大陸に、当時日本領だった台湾は南米大陸に、四国はオーストラリアに、そして本州はユーラシア大陸にというように、日本列島は世界の五大陸に完全に対応しているというのである。

もちろん、形が似ているというだけではない。相互に照応関係にあるのだから、九州で起こったことはアフリカで、本州で起こったことはユーラシアでも起こる。

しかも王仁三郎は、大本教は世界の縮図である日本の、さらに縮図であるとも断言していた。これは、大本で起こったことは日本の未来予言となり、さらに世界の出来事の予言もなるということだ（だから第二次世界大戦中の大本教への宗教弾圧、いわゆる大本事件が起こったとき、日本はこの戦争に負けると「予言」した）。

また王仁三郎は、百七十六ページで紹介する皆神山（ピラミッド）を「世界の中心地」と位置づけていたが、古神道家の大石凝真素美も明治時代に、皆神山に帝都を置けば万代不滅の世を実現できると主張していた。そして第二次世界大戦末期、実際に日本政府は、皇居を皆神山に遷都する計画を進めていたのである。

こうしたことを考えると、王仁三郎の予言も、雛型説も、あながち妄説として片づけるわけにはいかない。

本章では、日本列島各地に残された、かつて日本が世界の中心であったというその「証拠」を探っていこう。

ウガヤ朝と超古代文明

神と人をつなぐ謎の王朝があった！

記紀で消された王朝

日本神話において、初代神武天皇の父にあたるのが、ウガヤフキアエズ（『古事記』では天津日高日子波限建鵜草葺不合命、『日本書紀』では彦波瀲武鸕鷀草葺不合尊）だ。

父は山幸彦、母が海神の娘の豊玉姫である。

そのためウガヤフキアエズは、山と海の勢力がひとつにまとまり、国を支配する力として統合されたことを意味する人物だといわれている。要するに、天皇による地上世界の支配権を確立した人物、ということだ。

だが――。

そんな重要なポジションに置かれているにもかかわらず、どういうわけかこのウガヤフキアエズについて、記紀はあまりページを割いていない。

神武天皇は初代天皇だから、高天原の子孫のなかで最初の「人間＝人皇」ということになる。逆にウガヤフキアエズは最後の神（神皇）であり、最初の人間の父親だ。これほどまでに重要な人物の記述が薄いのはどういうことなのか？

神と人（人皇）をつなぐ位置にいるにもか

かわらず、存在さえ無視するかのような記述は、逆に不自然なものとしかいいようがないのである。

しかし、古史古伝の世界では違う。ウガヤフキアエズは、きわめて重要なポジションを占めているのだ。

いや、重要なポジションどころではない。最大の違いは、ウガヤフキアエズはひとりではなく、数代・長期間に渡ったと王朝だったと主張していることだ。

これを一般にウガヤ朝と呼ぶ。つまりウガヤフキアエズとは個人名ではなく、世襲制による王（天皇）の尊称だというのだ。

海幸彦と山幸彦。山幸彦と海神の娘のあいだに生まれたのが、ウガヤ朝の祖・ウガヤフキアエズだ。

代数はそれぞれの史書によって違うが、『竹内文書』では七十三代、『富士宮下文書』では七十六代、『上記（うえつふみ）』では七十二代となっている。

UFOに乗って地球を脱出？

これだけの代数だから、栄えた年月も長い。『竹内文書』によれば、七十三代でおよそ千二百年余となっている。ではそのあいだにいったい、ウガヤ朝では何が起こっていたのか。

ざっとではあるが説明してみよう。

ウガヤ朝第一代の御代には、農耕や牧畜、漁業、養蚕など国の根幹をなすさまざまな産業と文化が生まれた。

そのなかでも注目すべきは、皇子が「天空浮船、水船」をつくったということだろう。「天空浮船」——すなわち、空を飛ぶ乗り物だ。これは現代でいえば、飛行機やUFOに相当するものと推測されている（百四十八ページ参照）。

第二代の御代には、五色人の皇子・皇女を産み、世界中に派遣している。五色人とは、黄・黒・赤・白・青の五種類の人間のことで、彼らが散っていった各地で祖先となり、今日見られる人種の祖先になったというのである（百四十ページ参照）。

第三代になると、天皇は大船八艘、小船十六艘をつくらせて、自ら「天之浮船」に乗って万国巡行を行っている。「天空浮船」とは若干、表記が異なっているが、これもおそらく空飛ぶ乗り物、それも今日でいえばUFOの類いに近いものだろう。

そしてこの時代から、地球全土で天変地異、地球の大変動が起こりはじめる。その結果、

かつて自在に空を飛んだという、天空浮船の模型（写真＝八幡書店）。

全地球が泥の海に沈むという大災害が起こり、天皇一族は「天之浮船」によって一時的に「日球国」へ逃れるのだ。これは、UFOに乗って地球の外へ避難したということだろう（百四十八ページ参照）。また、のちの「ノアの箱舟」神話のモチーフになったのではないかとも思われる。

その後も地球の天変地異は続き、第十代の御代には太平洋にあった「タミアラ国」と「ミヨイ国」、さらにはインド洋とカリブ海にあった陸が海の底に沈んでいる。ちなみに「ミヨイ国」というのは、あのムー大陸のことではないかという指摘もある。

このほかウガヤ朝では、遺伝子組み換え実験や戦争も行われているのだが、それについては次項から紹介していくことにしよう。

五色人と五色神面

日本列島は人類の故郷だった!?

『竹内文書』（百四ページ参照）の記述によれば、人類は日本列島から世界へと広まったとされる。

それは上古二代、造化気万男身光天皇（つくりのしきよろずをみひかるすめらみこと）の時代だった。この天皇が弟妹を「産み」、それが人類の祖の「五色人」となる。五色人というのは、黄人、白人、赤人、青人、黒人のことで、それぞれ肌の色を表している。

具体的にいうと、日本列島で生まれた黄人の子孫が世界各地に散った結果、風土や気候の影響を受けて五色人（赤人、青人、黒人、白人）が派生したらしい。ただし、青人は現在ではほとんど存在せず、赤人もネイティブ・アメリカンなどにわずかに残るだけだ。

興味深いことに、この記述を裏づけるような「物証」が、九州・阿蘇山にほど近い山都町の古社・幣立（へいたて）神宮にある。ここに秘蔵されている、世界の五大人種を表すという五つの「面」——五色神面——がそれだ。

五色というのは黄、白、赤、青、黒で、世界の五大人種を肌の色で表したものだという。材質は木で、それぞれの人種の顔がデフォルメされて彫りだされている。かつては彩色されていたような痕跡があるが、すっかり退色してしまっており、いまでは地肌の木目がかえって際立つようになっている。

この五色神面は、五色人の末裔たちが古代に幣立神宮を参拝したときに、それぞれの祖神の顔と色に合わせてつくった面を奉納したものだという。しかも宮司の説明によれば、幣立神宮こそかつて神々が降臨した高天原であり、世界の霊的中枢なのである。

創建も、初代神武天皇の孫の健磐龍命（たけいわたつのみこと）が、勅命により天神地祇を祀ったことによる。ところが同神宮は、現在はまったくの無格なのだ。それは応神天皇の時代に内乱に巻きこまれ、歴史が抹消されたせいだという。

最後に、この五色神面は現在、社宝として厳重に保存されているので、拝観することは不可能であることをお断りしておきたい。

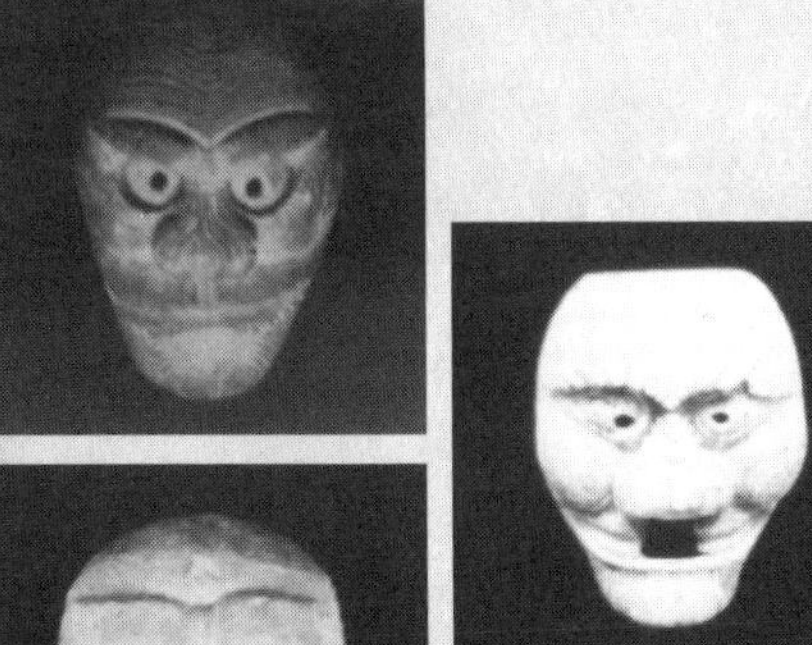

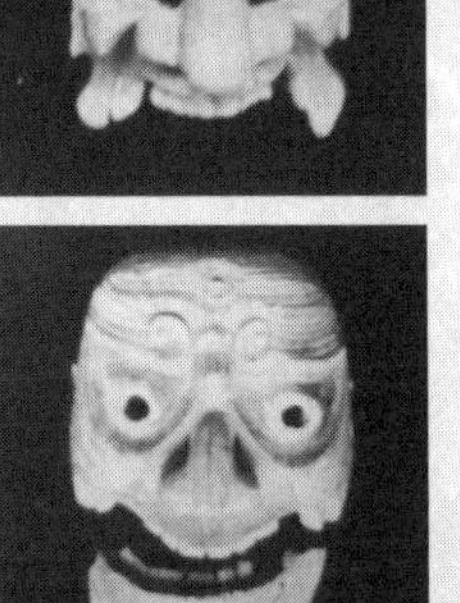
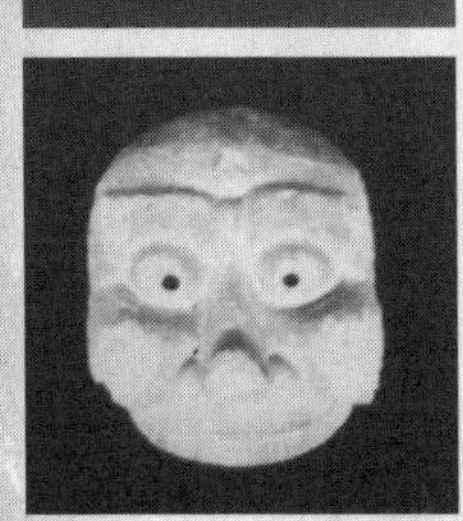

幣立（へいたて）神宮に伝わる五色神面。かつてここは世界の中心地だったという。

偉人たちの墓は日本にあった！

世界中の聖者が日本の叡智を学んだ

ウガヤ朝留学は夢だった？

『竹内文書』によればウガヤ王朝の時代、日本列島には数多くの偉人たちが留学して学び、帰国して教えを広め、そして晩年には再び来朝して人生を終えたとされる。

ここでは同書に登場する代表的な人物たち――モーセ、イエス・キリスト、釈迦、ヨセフなどについて触れる（ほかにも『竹内文書』では、孔子、老子、孟子、ムハンマド、伏義、神農（しんのう）などが来朝したと伝えている）。

まず興味深いのは、彼らがみな、生涯のなかで行動不明の空白期間をもっているということだ。自国で教えを伝えはじめるのはいずれも空白期間後のことなので、このときに彼らがどこかでなんらかの修行、学びを行っていたことは間違いないと思われる。それがこのウガヤ朝留学だったというのである。

『竹内文書』によれば、彼らが留学した時期は、度重なる天変地異によって天皇の地位と権力が揺らぎつつある時代だったらしい。

かつて世界に散った五色人の末裔たちは自らの王を立て、国を築いていた。そのためつい日本列島の王＝天皇をないがしろにしてい

青森県新郷村にある、イエス・キリストの墓。

た。だから彼ら留学生は、日本列島で天皇に直接触れ、その権威と威厳を自らの国へ持ち帰るという役割も担っていたのである。

キリストの墓

『竹内文書』には「イスキリス・クリスマス（イエス・キリスト）の遺言」という下りがある。

それによればイエスは、二十歳のときに加賀国にあった橋立港に上陸し、「日本の王」に拝謁したあと、十二年間、日本で学んでいる。その後、ユダヤの王に請われて故郷へ戻り、そこでキリスト教を広めた。

世界の常識では、イエスはエルサレムで磔（はりつけ）になり、昇天したと伝えられている。しかし『竹内文書』は、ゴルゴタの丘で磔刑にされたのはイエスの弟のイスキリで、イエスはひそかに難を逃れ、再び日本列島へやってきたと記している。

　再来日後のイエスは「十来太郎大天空」と名乗り、青森県戸来村（現在の新郷村）で地元の女性と結婚、三人の娘の父親となった。そしてこの地で、百十八歳という天寿を全うしたのである。

　現在でも同村には、イエスの墓と犠牲になった弟のイスキリの墓、ふたつの塚が残されている。ただ、さすがに二千年という年月は長すぎて、正確な情報は残されていなかった。ただ、「偉い人の墓だから大切にするように」といういい伝えだけが村人のたちのあいだで遵守されてきたという。

　ところが昭和十（一九三五）年、皇祖皇太神宮（天津教）宮司・竹内巨麿一行がこの村を訪れたことで、状況は一変する。巨麿は、手にした古文書（『竹内文書』）に書かれているキリストの村こそ、この戸来村だと断定し、そこにあった正体不明の塚をイエス・キリストの墓である、と断定したのである。

モーセの墓

　石川県羽咋郡宝達志水町、かほく市、河北郡津幡町、富山県氷見市にまたがる標高六百三十七メートルの宝達山は、能登地方では最高峰の山である。

　その宝達山の山麓に、「三ツ子塚」と呼ばれる三つの古墳がある。これがモーセ夫妻と孫（タイラス・イホフビリオス）の墓だ。

　モーセといえば、エジプトで奴隷にされて

いたイスラエルの民を救いだし、約束の地へと導いた聖人だ。そしてその途中、シナイ山に立ち寄って、神から十戒の石板を授かったと伝えられる。

しかし――『竹内文書』によれば話はここで大きく異なる。モーセはたしかにシナイ山へひとりで登ったのだが、そこからひとりでこっそりと天空浮船（あめそらのうきふね）という飛行船（UFO?）に乗って、能登へとやってきたのだ。そして天皇に謁見し、十戒を得る。それからシナイ山に戻ったというのである。

『竹内文書』が伝えるモーセの十戒石。表面に神代文字が刻まれる（写真＝八幡書店）。

彼らの墓のある宝達山こそ、その十戒を授かった山だと『竹内文書』はいう。

その後、ユダヤの民を導いたモーセは、十戒が刻まれたナイル川産のメノウ石をもって再来朝。それを天皇に献上し、経過報告を行った。喜んだ天皇は、第一皇女の大室姫を与えたという。これがモーセの妻だ。

モーセの旅は、まだ終わらない。

さらにモーセはイタリアへ向かい、そこでローマを建国。三度、日本へとやってきた。そして宝達山に妻とともに住み、五百八十三歳の長寿を全うしたのである。

釈迦の墓

神武天皇より三百五十年も昔、ウガヤフキアエズ朝第四十代天皇のときに来朝し、青森県五所川原市と青森市にまたがる梵珠山(ぼんじゅ)で修行を積み、悟りを開いたのが釈迦だ。

梵珠山は標高四百六十八メートルほどの山で、あの有名な三内丸山遺跡から西に十キロほどのところにある。

その後、釈迦はインドに戻り、仏教を開いて人々を救い、再びこの地を訪れた。そして生涯を終え、梵珠山に葬られたと『竹内文書』はいう。

その墓は山頂近く、昔は寺が建っていたといわれる土地の一角に、今もなお古い塚として残されている。

最後に、ユダヤ人の祖であるヤコブの息子、ヨセフの墓についても触れておこう。

場所は神奈川県伊勢原市三ノ宮。ここにある真馨塚(しんけい)がそれだという。

主張したのは山根キク子という人物(詳細は百六十四ページを参照)で、きっかけは『竹内文書』にあった「キリストの遺言」に、こんな一節を見つけたことだった。

「ヨダヤソオ、モセスオノレイニ　ムサツオ

神奈川県秦野市にある真馨塚。山根キク子はこれを、ヨセフの墓だと主張した。

アフリカノカミニアイシ」「ヨダヤソオ、モセスオ」とは、「ユダヤ祖王　モセス王」すなわちヨセフのこと。問題は「ムサツオアフリカノカミニアイシ」という部分の解釈だが、「ムサツオ」とは「武蔵国」だと山根はいう。したがって「アフリカノカミ」は大山の「阿夫利神社」。阿夫利神社に祀られているのは、山根にいわせればイエス・キリストだから、その神に「アイシ＝会った」モセス王の霊は、阿夫利神社の近くにいなければならない。

　そして真馨塚は、大山阿夫利神社のもっとも近くにある大古墳なのである。

と、このように超古代の日本列島は、さながら世界の宗教センターのようだった、というのが『竹内文書』の主張なのだ。

天空浮船と万国巡礼

天皇はＵＦＯで世界をまわっていた！

『竹内文書』によれば、日本の天皇はかつて「世界の天皇」だった。そしてウガヤフキアエズ朝第一代の時代、農耕や牧畜、漁業、養蚕などのさまざまな文化とともに、画期的な発明が行われている。それが「天空浮船（あめそらのうきふね）、水船」だ。

「天空浮船」とはすなわち、天空に浮く船、空を飛ぶ乗り物のことだ。現代でいえば、飛行機やＵＦＯに相当するものだろう。

世界の天皇として君臨するために、天皇は息子たちを各国に派遣し、統治させているが、自らも天空浮船に乗って世界を巡幸し、人々の声を吸いあげ、政治に活かしたのだという。

さらに第二代の時代になると、日本を中心に世界を十六の地域に分け、十六人の皇子（みこ）にそれを振り分けた。余談だがこれは、天皇家の紋章、十六弁菊花紋と同じ形になっている。

じつは日本神話には、古くから「天鳥船（あめとりふね）」と呼ばれるものが登場する。国譲り神話でタケミカヅチが豊原中国（とよはらのなかつくに）に降り立った（二十ページ参照）ときにも、この天鳥船に乗ってやってきたとされている。

記述どおりに読めば、天鳥船とは空を飛ぶことができる船ということだ。つまり、天空

磐座になった天之磐船(あめのいわふね)の図。こうした巨岩は日本各地にある。

浮船と同じものである可能性が高い。

また、この天空浮船は、大気圏外——つまり宇宙空間へ飛びだすこともできたようである。というのも第三代の時代になると、地球全土で大変動が起こりはじめ、全地球が泥の海に沈むという大災害が起こった。そのとき天皇一族三百九十七名が、「天空浮船」に乗って一時的に「日球国(ひだま)」へ逃れた、という記述が『竹内文書』に見られるからだ。

現代風に解釈すればこれは、UFOもしくは避難ロケットに乗って地球外へ避難したということだ。それにしても、四百人乗りのUFOとは、なんと巨大なことか。いや、記録されている人数は天皇一族だけなので、乗務員やその他も含めれば、千人規模の人を乗せることも可能だったかもしれない。

「羽」地名と超古代の飛行場

天空浮船の発着場は全国各地にあった!?

天空浮船が空を飛ぶ船だったとしたら、当然、発着場も必要となる。推進力にもよるが、UFOをイメージするなら垂直離陸も可能だったはずで、現在の飛行場ほど広大なスペースはいらなかったかもしれない。

じつは日本列島には、天空浮船の発着場跡と推測される場所が各地に見られる、という指摘がある。そのとき鍵になるのが、「羽」という地名だ。

というのも『竹内文書』には上古十四代の御代の話として、「天皇天空浮船に乗り、祖来ケ峯羽根飛登行所を、羽根と名付る」という記述があるからだ。

天空浮船の発着場を、天皇自ら「羽根」と名づけたというのである。

そこで日本地図を丹念に調べると、「羽」もしくは「羽根」という地名はそれこそ至るところで見られる。また、その近くにはどういうわけか、現在でも飛行場が建設されていることが多い。おそらく飛行場にふさわしい土地の条件というものは、太古も現在もほとんど変わらないせいなのだろう。

宇宙考古学者の高坂和導氏の著書（『超図解／竹内文書』）によれば、石川県羽咋(はくい)市には有料道路として使われるほど固い砂浜があるのだという。羽咋市の「羽」も、ここに古代の飛行場があった痕跡なので、同氏はこの砂浜が古代に飛行場として使われていたのではないかと推測している。

それからもうひとつ、同氏が調査のなかで気づいたのは、「羽根」という地名が河川の近くに多いということだった。それも山と山のあいだを流れる河川だ。

これは、河川をたどって飛んでいくことで目的地への自然の道しるべになるということと、比較的広くて細長い土地——飛行場に適した土地——を得やすかったからではないか、と氏は考えている。

なお、同様の飛行場跡は、日本だけではなく、世界各地に残されているという。

東京の羽田空港。超古代の発着場跡には、「羽」地名が多く見られるという（写真＝共同通信）。

イヤシロチとケガレチ

大地の電流を利用した土地改良技術

『カタカムナ文献』を研究した楢崎皐月によれば、大地は電流の状態によって良好な癒し系の土地（イヤシロチ）と、悪影響を及ぼす土地（ケガレチ）に分類できるという。

イヤシロチでは、人も動物も健康的に暮らすことができ、また創作意欲がわいたり、建物や食物などの傷みや腐敗も少なくてすむ。もちろん、ケガレチではこれが逆となる。

しかし、仮にそこがケガレチであっても、活性炭の電子によって土地を浄化し、活性化させることもできるのだという。

そしてカタカムナの古代人は、こうした方法、超古代のテクノロジーによって大地を浄化し、より文明を栄えさせていたのである。最近では再び、この技術が注目されている。

楢崎が平十字と出会った六甲山中の金鳥山。

ヒヒイロカネ

錆びず腐らずの永遠の金属

ヒヒイロカネとは、『竹内文書』に登場する超古代から使われていた、謎の金属だ。というのもそこには「錆びず腐らず、いきいきと何万年たつとも同じくある宝のヒヒイロカネ」とあるからだ。

三種の神器の素材となったり、天皇が坐す神宮の屋根を葺くのに使われたりしたが、高貴で特殊な金属だけにその使用は、天皇だけに限定されていた。だが、雄略天皇の時代に十六弁菊花紋の鏡を二枚つくったのを最後に、原材料が枯渇したという。

なお、ヒヒイロカネはしばしば、アトランティスの伝説の金属「オリハルコン」とも比べられている。

錆びず、腐らずの謎の金属、ヒヒイロカネ（写真＝八幡書店）。

十種神宝と死者の甦り

天上界から伝わった究極の秘法！

物部氏の祖神ニギハヤヒが、天鳥船に乗って地上に降りてくるとき、携えていたとされる神道の秘宝がある。アマテラスから直接賜ったとされる「十種神宝」だ。書かれているのは『旧事本紀』（百二十六ページ参照）。

「十種」というからには、十の神宝がある。「澳津鏡、辺津鏡、八握剣、生玉、死返玉、足玉、道返玉、蛇比礼、蜂比礼、品物比礼」だ。鏡、剣、玉、そして比礼（古代の女性が用いた両肩からかける布）で構成されている。

・澳津鏡と辺津鏡／姿を映しだし、その栄をもたらす

・八握剣／凶邪を罰し、平らげる

・生玉／生き生きとした活動をもたらす

・死反玉／死者を甦らせる働きをもつ

・足玉／その形態を具足させる

・道反玉／浮かれゆく魂を返し止める

・蛇比礼と蜂比礼／はう虫、飛ぶ虫を祓い、害を受けたときはそれを癒す

・品物比礼／さまざまな悪鳥、悪獣のみならずすべての妖を祓い、邪を退ける

これらのうち、鏡を八咫鏡、剣と比礼は草薙剣、玉は八尺瓊勾玉——いわゆる三種の神器に対応させる説もある。

なお『旧事本紀』によれば、「一二三四五六七八九十、布留部、由良由良止、布留部」という「ひふみの祓詞」あるいは十種神宝の名前を唱えながらこれらの品々を振りうごかすことで、死人さえも生き返るという。

また、『竹内文書』にも十種神宝についての記載がある。こちらは『旧事本紀』とは内容が異なっていて、「天璽、矛剣、天上代史、円鏡、八咫鏡、八尺の曲玉、宝剣矛、矛剣、剣、剣」となっている。剣が多く、いくつかは重複している。天璽は天皇の印であり、天上代史は歴史書のことだ。

これらの神宝はすべて天皇の命によってつくられており、天上代史と八尺の曲玉意外は「ヒヒイロカネ」という特殊な金属（前項を参照）を材料にしているのである。

元伊勢籠神社の絵馬に描かれたニギハヤヒ（右）。

八紘一宇思想と超古代史の親密な関係

『日本書紀』には神武天皇の詔勅として、こんな言葉がある。

「六合を兼ねて都を開き、八紘を掩ひて宇と為むこと……」

これが八紘一宇のもととなったわけだが、世界をひとつの家とするというこの思想はやがて、第２次世界大戦への道とともに、日本の海外進出を正当化するスローガンとして用いられるようになっていった。

そのため八紘一宇には、どうしても悪いイメージがつきまとう。確かにそういう面は否定できないのだが、しかし彼らは、世界の民族が平和に共存共栄するためには、神武天皇のこの理念を広めていくことが必要だと本気で考えていたのだ。

そして――いうまでもなくこの考えは、古史古伝が説く超古代の日本への回帰という点と、見事に一致していた。古史古伝の世界からいえば、かつて世界はすべてが日本（天皇）の領土だったわけだから、それを奪還することこそ原点回帰である、というわけだ。

それだけではない。この思想は第２章で紹介した日ユ同祖論とも容易に結びついていった。当時、パレスチナにまだイスラエルはなく、ユダヤ人は国を失った人々だった。そのため、ユダヤの建国運動と日本の世界統一は、一致協力して同時進行すべしという意見もあったという。

日本のピラミッド発見者である酒井勝軍もそういった「過激思想派」のひとりで、彼は日本とユダヤの世界統一国家が樹立すれば、天皇は「メシア」になるだろうと本気で考えていたのである。

第六章
超古代日本ピラミッド文明の謎

ピラミッドの定義

ピラミッドというと、読者はエジプトや中米にある、あの石積みの巨大建築物を思いうかべることだろう。

では、それらのピラミッドが超古代の日本起源だったといったらどうだろう。おそらくにわかには信じがたいのではないかと思う。だが、昭和の初期、大真面目でそう主張した神学者がいた。詳細は次項で述べるが、酒井勝軍なる人物である。

酒井によれば、ピラミッドには次のような定義があるという。

ひとつは本殿（ピラミッド）の形が整然とした三角形をなしていること。ただし、必ずしも人工の山である必要はなく、自然の山を利用してもよい。

もうひとつは、本殿の頂上もしくはその付近に、太陽石を中心とし、周囲に円形に配置された列石（ストーンサークル）や磐境があること。

そして最後に、近くに本殿を拝する拝殿としての小さな山があって、そこには祭祀用の施設が置かれていること。

これらの条件を備えたときに初めて、その山はピラミッドとなるというのが酒井の主張だった。

酒井はやがて、広島県で日本最初のピラミッド「葦嶽山」を発見する。それだけではなく、『竹内文書』の一部に、次のように書かれていることも知るのだ。

「年三月円十六日、詔して、吉備津根本国に大綱手彦、天皇霊廟、亦名メシア、日の神、月の神、造主神、日来神宮」

最後の「日来神宮」は「ヒラミット」と読むのだという。大綱手彦は、ウガヤフキアエズ朝十二代天皇の叔父で、年代的には二万二千年前。

吉備津根本国は、現在の岡山県付近なので、まさに酒井が発見した葦嶽山ピラミッドがある地域だった。

また「天皇霊廟」とあるが、日本のピラミッドの場合、必ずしも天皇の陵墓としてつくられているわけではない。

ともあれ、酒井の喜びようは、いかばかりだったのかと思うのだが、同書にはまた、第十二代天皇の時代に、日本列島の四か所でピラミッドが建設されたとも書かれている。それがやがて、世界に広まっていったというわけだ。

では、日本列島にはどれだけのピラミッドがあるのか、酒井らの研究の道のりとその成果も含めて、これから紹介していくことにしよう。

酒井勝軍と葦嶽山
日本最初のピラミッドの発見

あの山がピラミッドである！

日本にもピラミッドがある！　最初にそう主張したのは神学者でキリスト教伝道者の酒井勝軍（さかいかつとき）だった。

明治六（一八七四）年に山形県で生まれた酒井は、十五歳のときに洗礼を受ける。仙台神学校を卒業後は牧師となったが、まもなく超古代史の研究に没頭。そのうちに高い語学力を買われ、政府の中東使節団の通訳としてエジプトへ行き、そこで見たピラミッドの壮大な姿が、彼のその後の活動を決定づけることになった。

自らの研究成果をもとに、ピラミッドの起源は日本であると主張しはじめた彼は、昭和五年ごろからは日本各地で講演会を開いては、日本にも必ずピラミッドがあるはずだと説くようになる。

茨城県の天津（あまつ）教の竹内巨麿（きよまろ）のもとを熱心に訪ね、『竹内文書』には古代のピラミッドに関する記述がないかどうか教えを請うてもいる。だがそのころはまだ、彼の求める記録は「発見」されていなかったのだ。

昭和九年六月、酒井は調査隊を組んで、広

（左）葦嶽山を捜索する酒井勝軍のピラミッド調査団。（右）正装した酒井勝軍。

島県庄原市にある葦嶽山を訪れた。

これまでの研究、そして手にした情報が正しければ、ここには必ずピラミッドがあるはずである——酒井はそう信じていた。

だが、酒井が提示するピラミッドの条件は、決して簡単なものではなかった。

単に山容が三角形で美しいだけではダメで、その山がピラミッドであるためには、山頂付近に太陽石と立石（メンヒル）がなければならなかった。そしてすぐ近くには拝殿の山が必要であり、そこには方位を示す石と、太陽光を反射する鏡岩、そしてピラミッドを拝するときに祭壇となる机状に組まれた巨石（ドルメン）が存在しているはずなのだ。

折しも天候は激しい雨。しかもすでに日が暮れはじめている。あせりが一行を包みはじめたとき、先頭のひとりが叫んだ。

「先生、ドルメンがあります！」

見ると、確かに巨大な組石がある。周囲をみると、すぐに天空をにらみつけるような巨大な鏡岩も目に入ってきた。

「間違いない――ここが拝殿だ！　ではピラミッドはどこだ？」

その瞬間、激しい稲妻が空を走り、周囲が明るくなった。そして酒井の眼前に美しい三角形のシルエットが浮かびあがったのである。

「諸君、あの山がピラミッドである！」

酒井は思わず、そう叫んでいた。

葦嶽山ピラミッド発見の瞬間であった。

『竹内文書』の記述

拝殿は、鬼叫山といった。二個の並んだ石に平らな一枚岩を載せた供物台――ドルメンがあった。巨石を十字形に切断した方位石、百トンを超えると思われる鏡石もあった。そして鏡石の下方には、高さ六メートルの「神武岩」と呼ばれる巨大な石柱も確認できた。ちなみにこの石柱には、神代文字が彫られていたと酒井勝軍は報告している。

一方、本殿＝ピラミッドとなる葦嶽山も、斜面に明らかに人工の手が加えられたと思しき巨石が階段状に積み重ねられていた。

山頂は狭いながらも平地になっており、当時は太陽石が確認されたという（残念ながら現在では確認できない）。また、山頂近くの斜面には、スフィンクスを想起させるような巨大な「エボシ岩」もあった。

前述のように当時、『竹内文書』ではピラ

ミッドに関する記述は発見されていなかった。

しかし、現実にピラミッドが「発見」された以上、『竹内文書』にも必ずピラミッドについて何らかの情報が書かれているはずだと考えた酒井は、再び皇祖皇太神宮を訪れる。

熱心な酒井の再調査依頼に心打たれた竹内巨麿は、それまで未開封だった資料を改めて調べてみることにした。

するとピラミッドについて書かれた御神体石なるものが見つかった（詳細は本章の総論を参照）。

また、文字資料としてもピラミッド建立を思わせる文言が見つかり、酒井はますます持論に確信を抱くようになったのだ。

その後、酒井は青森県の大石神、岩手県の五葉山など、次々と「日本のピラミッド」を発見していくのだ。

拝殿山である鬼叫山から見た葦嶽山ピラミッド。酒井が見たのもこの角度で、見事な三角形を拝することができる。

山根キク子の北紀行

東北で発見されたイエスの足跡

酒井勝軍とほぼ同時代、『竹内文書』をもとにフィールドワークを行った女性研究者がいた。山根キク子（キクとも）だ。

明治二十六（一八九三）年に山口県萩市に生まれた彼女は、十四歳でキリスト教と出会い、間もなくクリスチャンとなる。だが『聖書』が語るイエスの生涯に疑問をもったことでキリスト教とは距離を置くようになり、婦人参政権獲得運動に没頭。昭和四（一九二九）年には、幸徳秋水らの「萬朝報」に参加し、婦人部長にもなっている。

ところが昭和十（一九三五）年、天津教の竹内巨麿と『竹内文書』に出会ったことで、イエスに対する長年の疑問が解けた彼女は大感激。昭和十二（一九三七）年五月には、イエス来朝の足跡を辿って東北地方におけるフィールドワークを実施するのだ。

戸来村（六十八ページ参照）を訪れた彼女は、イエスの墓はもちろん、村に残るユダヤ的風習や、大石神ピラミッドなども見ている。このピラミッドは、キリストの墓を発見した竹内巨麿や酒井勝軍らが認定したもので、鏡石と方位石も存在する。鏡石は縦十メートル、横八メートル。方位石の切れ目も正確に東西の方位を指していたという。

調査を終えると彼女は『光りは東方より』を出版（昭和十二年）。イエスの墓は東北の戸来村にあると、世界で初めて世間に公表した。ただし同書は翌年、発禁処分となり、キク子も逮捕されてしまう。

それでも情熱は消え去ることなく、昭和三十（一九五五）年には戦災で失った写真を再び撮影するためと称し、再調査の旅に出ている。このときキク子はイエスが上陸した八戸に始まって、戸来村、イエスが住んだという戸来岳、十和田湖、迷ケ平（まゆんたい）とイエスの足跡をくまなくまわった。そして、「最早絶対に間違いなきことの物的証左を得るに至」ったとして、『キリストは日本で死んでいる』を出版するのである（昭和三十三年）。

山根キク子がフィールドワークを行った戸来村（現新郷村）の大石神ピラミッドの太陽石。

ピラミッド・ネットワーク

イヤシロチをつくる大地のエネルギー

日本列島のピラミッドは、ある種のネットワークで相互に結ばれている。そう考えるなら、列島全体におけるピラミッドの「配置」にも、当然、意味があるはずだ。

実際、日本列島を地域ごとにいくつかに分割し、それぞれの地区で中心となると思しきピラミッドどうしをつないでいくと、日本列島上に複数の直線が表れてくる。それこそが、ピラミッド・エネルギーのネットワークなのである。

では、このエネルギーの源泉は何なのか？　候補のひとつとして考えられるのが、『カタカムナ文献』が説く「イヤシロチ」である。これについては百五十二ページでも簡単に紹介したが、ここで改めて説明しておこう。

まず、『カタカムナ文献』にはこのように書かれている。

「ヨモノタカミヲムスブハイヤシロチ、ヨモノヒクミヲムスブハケガレチナリ」

ヨモとは自然の地形、タカミは高み、つまり山や丘の山頂部、逆にヒクミは谷や窪地のことだ。つまり、自然の高みと高みを結ぶ線どうしが交わるところが「イヤシロチ」であり、逆に自然の低みと低みを結ぶ線どうしが交わるところが「ケガレチ」だというのだ。

イヤシロチでは大地のエネルギーはより高くなって植物はよく育ち、健康も促進される。もちろんケガレチは、その逆である。

興味深いのは同書が、巨石を一定の配置に並べることで、ケガレチをイヤシロチ化させることができると主張していることだ。つまり、巨石を配置した高みのピラミッドは、大地をイヤシロチ化させるエネルギーを発生させ、相互ネットワークで流す巨大装置なのではないか、ということなのだ。


また、この考えは風水でいう龍脈（りゅうみゃく）や、ヨーロッパの大地のエネルギー、レイラインにも通じている。もしかするとこうしたエネルギーは、超古代文明における世界共通の叡智だったのかもしれないのである。

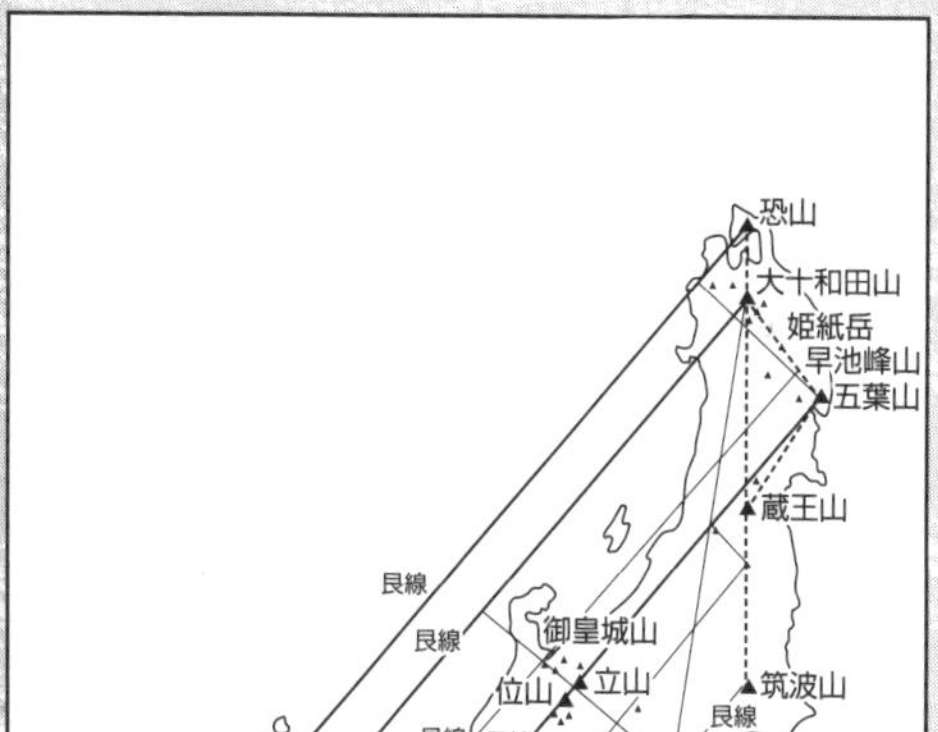

代表的なピラミッドとそれに準ずる山を直線でつなぐと、それらがきわめて注意深く配置されていることがよくわかる。

黒又山の学術調査

太陽光に輝く美しいピラミッド

表面に飾られた葺き石

青森県鹿角市十和田大湯地区に、黒又山（クロマンタ）と呼ばれるピラミッドがある。

「クロマンタ」というのはアイヌ語で「神々のオアシス」を意味する「クル・マッタ」が訛ったものだとされる。名前からしてなにやら意味ありげだが、見た目もとにかく美しい。さほど高い山ではないのだが、周囲に山がなく、独立しているので美しいピラミッド状の山容がはっきりとわかるのだ。

しかも――この山は、ほぼ唯一といっていい本格的な学術調査が複数回行われている、貴重な日本のピラミッドなのだ。

その結果、わかったことを紹介しておこう。

まず、レーダーによる地質学調査では、山そのものは人工物ではなく、溶岩が盛りあってできた自然の山であることが判明した。

ただし山の斜面には、七段から十段ほどのテラス状の遺構が存在していることもわかった。このテラスは、張り出し部分で幅十メートルほど、高さは二～三メートルで、麓に近づくほど広く高くなる傾向がある。また、表面には小さな礫がびっしりと貼られているこ

黒又山ピラミッド。周囲に山はなく、特別にその美しい姿が映える。

ともわかっている。イメージとしては、建造当初の姿で復元された古墳の、表面の葺き石のようなものかもしれない。

だとしたら、興味深いことになる。礫＝葺き石の色にもよるが、もしもこれが白石であれば、超古代の黒又山は、白石で覆われていたかもしれないのだ。想像してみてほしい。それが太陽の光を反射しているところを。この世のものとは思えない美しさだったはずだ。

もちろん、これらが人工物であることはいうまでもない。黒又山は、自然の山の斜面に石を積んで、「階段式ピラミッド」としてつくられたものである可能性が高いのだ。

エネルギーセンターか？

山頂付近はどうだろう。

ここは比較的平らに整えられており、本宮(もとみや)神社が鎮座している。メンヒルや縄文土器も発見されているから、大湯のストーンサークル同様、この山頂が古代の祭祀場であった可能性はきわめて高い。

また平成四年の調査では、神社の真下に巨大な岩があることもわかっている。

さらに頂上から少し下った場所の地下十メートルほどの地点からは、南・西・北の三面を壁で囲まれた一辺十メートルほどの空洞も見つかった。

これらの事実は黒又山が、酒井勝軍のいうピラミッドの条件にかなり合致しているということを意味している。

そうなると次の問題は――酒井のピラミッドの定義に従うなら――葦嶽山における鬼叫山のような拝殿山があるかどうか、だ。

残念ながら現在のところ、拝殿山であると特定できるような場所は見つかっていない。

ただ、黒又山の北東数十メートルのところには、「小クロマンタ」と呼ばれる小さな山があって、研究者のあいだではここが黒又山ピラミッドの拝殿ではないかといわれているのである。

この小クロマンタはずいぶん長いあいだ、深い藪(やぶ)に覆われたままになっている。地元の人でもほとんど立ち入ることもないような場所だ。調査隊は何度か、ここにも分け入ってみようとしたというが、とても山頂までたどりつけるような状態ではなかったという。

ただし、途中で古道らしき痕跡が見つかっているので、まったく人の手が入っていないというわけではなさそうだ。

それからもうひとつ、黒又山の周囲には数多くの神社や石造遺跡が見られるということも挙げておきたい。

それらの位置関係については、すでに調査団によって細かく分析されている。それによると、基本的には黒又山を中心にして、夏至や冬至の日の出・日没点にあることもわかっている。

そうであれば黒又山が、古代の太陽祭祀、あるいは天文台的な施設の中心だった可能性も浮かびあがってくる。

なお、北に伸びるラインのみ、五度ほど時計の反対回りにずれているが、これはちょうど四千年前の北極星の位置を指しているということも判明している。

黒又山山頂にある本宮（もとみや）神社。この神社の地下には、謎の巨石も見つかっている。

大和三山と三輪山

ピラミッドが描く幾何学ライン

磐座に残された設計図

奈良県桜井市の三輪山は、かなり古い時代から山そのものが神と見なされてきた。

現在でも、大神神社の御神体山とされている。見た目にもなだらかな円錐の美しい山で、標高は四百六十七メートル。神の山という神聖さゆえに、一般人の立ち入りは厳しく制限され、江戸時代には神社の山札がないと入山もできない場所だった。

現在でもその伝統は厳しく守られており、入山を希望する者はまず、摂社の狭井神社社務所で許可を求め、決められた金額を支払い、氏名を記入して御祓いをすませなければならない。

このときに入山の証として白いたすきを受け取るが、山中ではこれを決して外さないように戒められる。当然、山中での飲食、喫煙、写真撮影などは禁止されており、決められたルートから外れることも、草木を採取することも許されていない。

このように、厳重に守られてきた三輪山の山中には、いまもなお数多くの古代祭祀遺跡が存在している。

主なものとして、辺津磐座、中津磐座、奥津磐座などの巨石、大神神社拝殿裏の禁足地遺跡、山ノ神遺跡、狭井神社西方の新境内地遺跡などがあるが、やはり注目は山頂の奥津磐座だろう。

三輪山の頂上はかなり広い平地になっており、東西約三十メートル、南北十メートルの楕円形の場所が区切られ、無数の巨石が置かれている。これが奥津磐座であり、聖地・三輪山のなかでももっとも神聖とされる場所なのである。

このように、三輪山については酒井のいうピラミッドの条件――さまざまな巨石の配置――において、十分すぎるくらいにそれを満たしている。

しかも――。

奈良盆地の空撮写真。大和三山が見える。かつてこの地方は、巨大な湖だった。

奥津磐座のなかには、いくつか注連縄（しめなわ）が張られた岩があるのだが、これらの岩を直線で結ぶと、後述する三輪山、巻向山、大和三山の位置関係とぴたり一致するというのである。

つまり、この奥津磐座は、大和三山と三輪山の配置を記した「設計図」のようなものだというのである。

それだけではない。三輪山にあたる岩には割れ目があり、それが大きく意図的にずらされているという報告もある。

これは何を意味しているのか。もしかすると、三輪山の内部に「空洞」があることを示しているのかもしれないのだ。

描かれた二等辺三角形

大和三山というのは、奈良盆地にある天香具山（あめのかぐやま）、耳成山（みみなしやま）、畝傍山（うねびやま）の三つの山のことだ。飛鳥時代から藤原京時代にかけては、日本史のメイン舞台となっているのだが、この三山もピラミッドではないかという説がある。

重要なのは、それぞれの位置だ。大和三山だけでなく、前述の三輪山、巻向山さらに忌部山（いんべやま）までを結んだ大地のネットワークである。

大和三山だけを見てみると、畝傍山を頂点とする二等辺三角形を形成している。そしてこの畝傍山から、耳成山と天香具山を結ぶラインの中心へと線を引き、延長すると、東北のラインは三輪山から巻向山へ、西南のラインは忌部山にぴたりとぶつかるのだ。

図を見ていただければわかるように、これらの三角形はほとんど誤差もなく、ほぼ完全な対称形をつくっている。

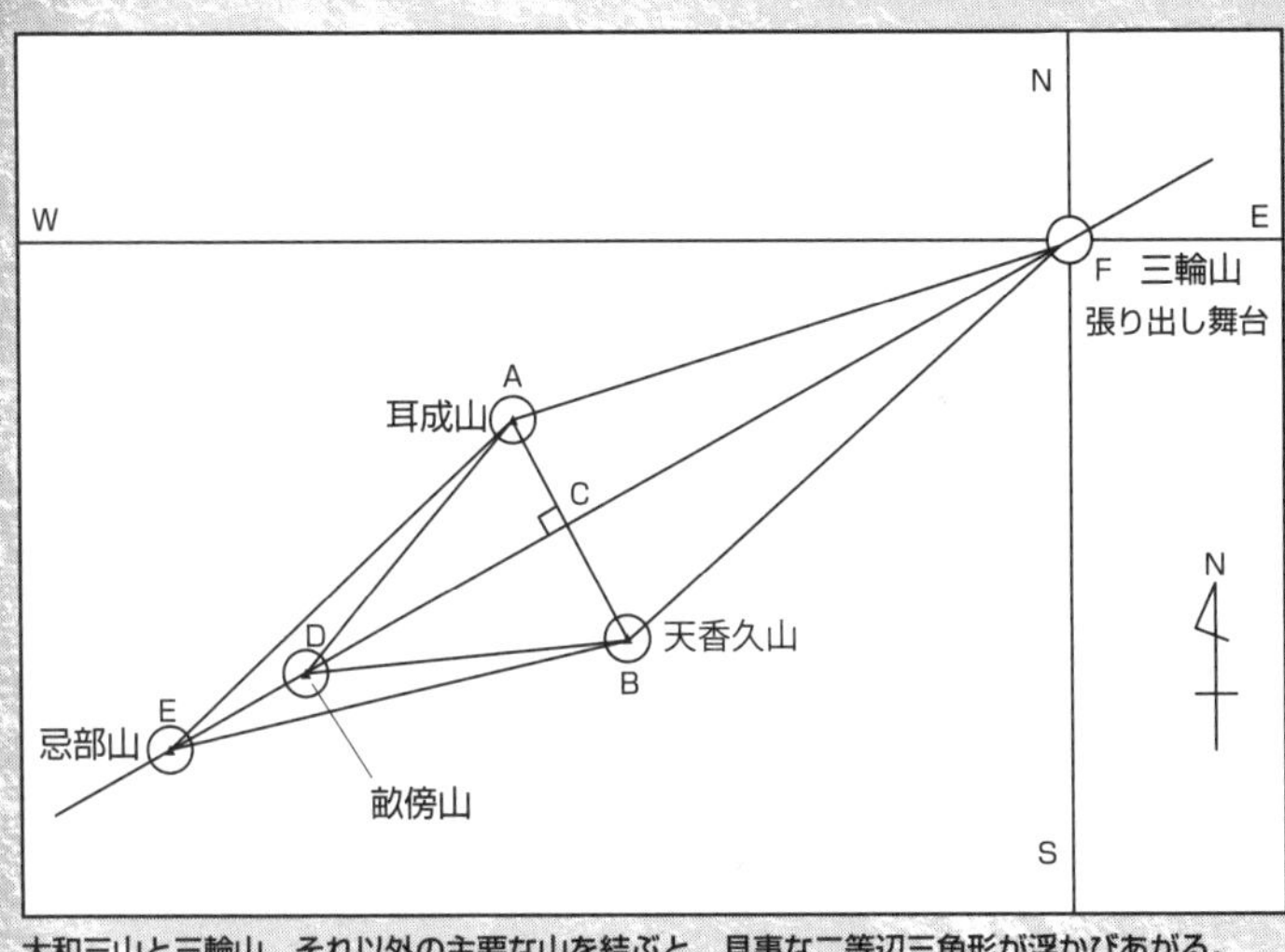

大和三山と三輪山、それ以外の主要な山を結ぶと、見事な二等辺三角形が浮かびあがる。

それだけではない。

平面だけの話ではなく、三次元の世界、つまり山頂の高さで見たときにも、畝傍山、三輪山、巻向山はほぼ一直線に並んでいるという。つまり横軸・縦軸、いずれをとってもこの三つの山は、計算され、意図的にそこに置かれたようにきれいに並んでいるのだ。

これだけでも偶然とは思えない。それに加えて、前半で述べた三輪山・奥津磐座の「設計図」の存在である。

なお、超古代文明が栄えたと考えられる縄文時代、奈良盆地は巨大な湖だったという。そしてこれらの山々は、その湖に浮かんだ島だった。もちろん、大和朝廷もないし、クニもない。そんな時代に、ここで何が行われていたのだろうか。

皆神山と地震の巣
地底の広大な空間は古代都市の名残か？

陥没した山容

長野県長野市松代には、標高六五九メートル（麓からの比高は二百八十メートル）の皆神山ピラミッドがある。

だがこの山の姿は、ピラミッドというには少し違和感があるかもしれない。山の中央部が、まるで陥没しているように見えるからだ。そのため、見ようによってはイラクのジッグラトのようにも思える（ジッグラトもまた、古代イラクにおけるピラミッドの一種ではあるのだが）。

それから、皆神山についてはもうひとつ、触れておかなければならないことがある。

第二次世界大戦末期の昭和十九（一九四四）年、旧陸軍参謀本部によって大規模な地下工事が行われたのだ。本土決戦に備えて地下壕を掘り、そこに参謀本部を移転させようとしたのである。いや、それどころか当時の政府、皇室までも巻きこんだ大規模な首都移転計画の予定地だった。そのため皆神山周辺の山にも、無数の地下壕が掘られている。

ところが皆神山は、掘っても掘っても石ころばかりで、なかなか岩盤にぶつからない。

それどころか、土の間からはどこからともなく空気まで漏れてきたという。

これは、皆神山が人工の山であるという説の一助となるものだろう。

奇妙といえば皆神山には、いくつもの謎がある。

たとえば南中腹には古墳があって、天の岩戸神社が祀られている。その石室の奥には三枚の巨石があるのだが、その姿はまるで洞窟の入り口を塞いでいるかのようなのだ。岩の隙間からはタバコなどの煙が吸いこまれていくともいわれていることから、皆神山ピラミッド内部への通路があるのではないかと噂されている。

そのほかにも、底なしといわれる沼や謎の井戸、数々の宗教施設などもあり、山自体が一種異様な雰囲気を漂わせていることは事実

皆神山（みなかみ）ピラミッド。中央が陥没したような奇妙な形をしているが、それには理由があったのだ。

なのである。

地震の原因は地下空間か？

いま、皆神山ピラミッド内部への通路と書いたが、これもあながち妄想とは思えないふしがある。というのも皆神山の地下には、かなり広大な地下空間が広がっているようなのである。

昭和四十（一九六五）年、皆神山の地下三〜五キロを震源とする群発地震が発生した。最初の二年に限っても、有感地震だけで七万回を超え、皆神山自体、一メートルも隆起している。かなりの地震活動といっていい。しかし、当時の地震学者たちにはその理由が説明できなかったのだ。

確かに皆神山は——地質学的には——溶岩ドームでできているといわれている山だが、現在も火山活動が活発にあるわけではない。どこにも地震の原因が見あたらないのだ。

そのため、原因は謎とされていたのだが、後になって「サンデー毎日」誌が通産省・地質調査書のデータを調べたところ、「皆神山の中心部の重力は、マイナス六ミリガル（重力の五千分の三）、標準値を下回っている」という記述を発見した。

これは、皆神山の地下に少なくとも縦三キロ、横一・六キロ、高さ四百メートルという巨大な楕円形空間がなければ説明がつかないことだった。

逆にいえば、皆神山の地下にはこのような巨大空間が存在している可能性が高い、というのである。

天の岩戸古墳には、ピラミッド内部への入り口と思しき巨大な岩がある。

いったいこの巨大空間は何なのか？　想像をたくましくすれば、巨大ピラミッドの地下に掘られた超古代の巨大地下都市と思えなくもない。

だとすれば、戦時中の地下参謀本部建設と首都機能の移転計画は、かつての超古代都市建設の夢の再来だったということもできる。

そして、ここに結びつくのが最初に説明した皆神山の山容だ。

中央部分が陥没したような奇妙なシルエットは、この地下空間が原因ではないのか。もともとは美しいピラミッド形だった山が、巨大地下空間の一部が崩れたために、陥没したと考えることはできないだろうか。

いずれにせよ、皆神山は謎多きピラミッドなのである。

モヤ山ピラミッド（青森県）

岩木山の神を祀る聖なるピラミッド

本州最北端のピラミッド、それがモヤ山だ。その昔、安東水軍の本拠地として、国際港である十三湊があった場所に、今も十三湖という湖がある。その北岸に美しい稜線を見せるのが、このモヤ山なのだ。

普段は禁足地である霊山・岩木山のかわりに参詣される宗教の山として大切にされ、山頂には岩木山の分神が祀られている。また、石臼状の御神体石もある。

地元の話では、以前、モヤ山を削ったことがある。そのときには土の盛りがやわらかく、いくら掘っても同じ土質のままだった。そのため、人工の山ではないか指摘されたというのだ。正式な調査が行われれば、土中からさまざまな遺構が出現するかもしれない。

本州最北端のピラミッドではないかといわれるモヤ山。

五葉山ピラミッド（岩手県）

ヒヒイロカネが隠された聖山

岩手県にある五葉山（ごようさん）も、酒井勝軍に認定されたピラミッドだ。標高千三百五十一メートル、北上山系では早池峰山（はやちね）に次ぐ高さで、海にも近く、ひときわ異様さが目立つ。

酒井勝軍がこの山にやってきたのは昭和十三年のこと。「ヒヒイロカネ」と呼ばれる超古代の金属を捜すためだった（ヒヒイロカネについては百五十三ページを参照）。酒井はここでヒヒイロカネを発見したと発表したが、場所や状況については説明されていない。その前に死んでしまったからだ。

酒井を驚かせたのはむしろ五葉山そのもので、山のあちらこちらに、ピラミッド遺構と思しき巨石がごろごろと散見されたのだ。

五葉山ピラミッドにある巨石。酒井勝軍はここで、「ヒヒイロカネ」を発見したと発表している。

千貫森ピラミッド（福島県）

ＵＦＯを呼ぶ謎のピラミッド

福島県福島市に隣接する飯野町に、標高百五メートルの美しい円錐形の山がある。千貫森ピラミッドだ。ここはＵＦＯが頻繁に出没することでも知られているが、ＵＦＯ飛来地は特別なエネルギースポットであることが多いとされるから、千貫森ピラミッドもまた、そうした場所のひとつなのかもしれない。

ピラミッド関連の遺構としては、山の周辺に人の顔に似たモアイ石、幅九メートル、高さ四メートルの青木の大石、さらには船石、くじら石などいった巨石が点在しており、遠い古代の姿をしのばせる。

千貫森ピラミッドの西には、一貫森と呼ばれる山もある。ピラミッドに拝殿は欠かせないので、拝殿山ではないかと思われる。

ＵＦＯ目撃事件が多発する千貫森ピラミッド。

位山ピラミッド（岐阜県）

天孫降臨が行われた聖地

岐阜県高山市にある位山は、標高千五百メートル強。飛騨一宮水無神社の御神体であり、日本二百名山のひとつにも数えられている。

注目は祭壇石と呼ばれる巨大な平面の岩で、位山中腹の刈安峠の近く、山頂を望む位置にある。どう見ても、ピラミッドの祭壇そのものなのだ。

また、山頂へ至る登山道周辺にも無数の巨石が配置されており、かつてはこの山全体が大きな宗教施設だったことをうかがわせる。

頂上から北へ五百メートルほど下ったところには、ふたつの巨石で構成される「天の岩戸」もある。現在、入り口付近には高さ四・五メートルの巨岩が倒れているが、往時はこれが太陽石の役割をはたしていた可能性もある。

太古に神々が降り立ったとされる位山ピラミッド（中央奥）。

日輪神社ピラミッド（岐阜県）

太陽神を祀った古代遺跡

岐阜県高山市の日輪神社ピラミッド。日輪神社・日輪宮という名前は珍しく、全国でもここだけだといわれている。祭神は天照皇大御神（アマテラス）で、これは太陽神だから、太陽神を祀る太陽の神社だ。

驚くべきはその山容で、百メートルほどのかなり鋭角的な三角形の山になっている。本伝の裏山には太陽石が確認されており、ここがピラミッドであることを、無言のうちに物語っているようだ。

一九三八年には上原清二陸軍大佐が、日輪神社は太古のピラミッドで、太陽の祭祀遺跡だったと発表。また、日輪神社を中心に十六の方位に直線を引くと、周囲の神社やピラミッド、聖山が均等に乗ることもわかっている。

太陽神を祀る日輪神社ピラミッド。

五箇山ピラミッド（富山県）

神が宿る巨大な天柱石の山

富山県南砺市五箇山（ごかやま）に、想像を絶する巨石がある。

表面部分だけでも三十五メートル×二十メートル、地中に埋もれている部分を含めば百メートルを超えると推測されている。巨石が神の宿る磐座（いわくら）だとすれば、まさに磐座のなかの磐座、巨大な神そのもの。それが五箇山の天柱石なのだ。

天柱石は、天空浮船（あめそらのうきふね）が飛んできて山頂付近に突き刺さったものだ、という伝承もある。巨大UFOの墜落で、その名前も天に向かってそそり立つ石の柱ということで、江戸時代につけられた。

その裏には「ピラミッド石」と呼ばれる三角形の巨石もある。まさに古代祭祀場跡だ。

五箇山ピラミッドの天柱石。天空浮船（あめそらのうきふね）が石に化けたものだという。

尖山ピラミッド(富山県)

エネルギーのネットワークセンター？

富山県立山町にある尖山は、標高二百二十九メートル。名のとおり、「尖った」山だ。始まりは、富山大学の元教授・山口博氏が「尖山はピラミッドである」と発表したことにある。尖山は、近くにある二上山と五箇山の天柱石とセットで配置されており、三つの山の山頂を結ぶと正三角形が描かれるのだという。また尖山は、超古代に天祖人祖神宮の神殿があったといわれる御皇城山と夫婦山と結んでも、正三角形になるらしい。御皇城山と夫婦山を結ぶラインを南へ延長すると位山へ、二上山と天柱石の中間点と尖山を結ぶラインを東へ伸ばすと皆神山へつながる壮大なネットワークでもある。

その名のとおり、鋭角的に天を突き刺すような尖山ピラミッド。

のうが高原ピラミッド（広島県）

巨大磐座が乱立する謎のピラミッド

広島県廿日市市ののうが高原に至る山麓には、無数の巨石遺構を見ることができる。代表的なのが石が縦に積み重ねられたえぼし岩で、これだけでものうが高原の迫力がわかる。だが、ここには複雑な事情もある。というのも、のうが高原には、一九七〇年代から八〇年代にかけてホテルやキャンプ場がつくられ、観光地化が進められたのだ。ところが観光客の減少で計画は頓挫。現在では周辺が立ち入り禁止になっているが、建物などは残されており、いわゆる廃墟マニアたちの間では有名な「物件」となっているのである。

もともと高原自体、古代の磐座や遺跡が点在する聖地だったわけだから、荒れはてるだけの現況はまことに残念なことである。

のうが高原にある巨大な磐座（いわくら）。

世界の代表的なピラミッドとは?

『竹内文書』では、世界各地に見られるピラミッドの発祥地は日本列島だとする。では、世界には実際に、どのようなピラミッドが現存しているのだろう。

なんといっても有名なのは、エジプトのピラミッドだ。基本は巨大な石を四角錐状に積みあげ、内部に通路や部屋が設けられている。小さなものから大きなものまでさまざまだが、最大のものはギザにあるクフ王の大ピラミッドで高さ146メートル、底辺は各辺230メートルにも達する。また、すぐそばにあるカフラー王のピラミッドも高さ143メートル、底辺215メートルときわめて巨大だ。

ちなみにこれにメンカウラー王のピラミッドを加えてギザの三大ピラミッドというが、これらの配置は1万5000年前のオリオン座の三つ星にならっている、という指摘もある。だとすれば、建造年も含めて「超古代史」の遺物ということになる。

もうひとつ、よく知られているのが中南米のピラミッドだ。マヤやアステカ、アンデスのものなどが有名だが、こちらはおもに神殿として使われており、傾斜もエジプトに比べると急なものが多い。

新しいピラミッドが古いピラミッドの上に重ねて建設されることも多く、多層構造になっていて内部に空洞はほとんどない。

またこのほかにも古代シュメールのジッグラト、ジャワのボロブドール、中国・西安のピラミッド、さらにはフロリダ沖で発見された海底ピラミッドなど、世界各地でピラミッドは見られるのだ。

第七章
超古代日本に栄えた都市文明

総論

文明は日本から起こった？

日本が世界の雛型であるという思想については、百三十四ページで紹介したが、この雛型思想に大きな影響を与えたとされるのが、木村鷹太郎が唱えた「外八州史観」だ。木村はいう。

「現在の島国日本は、前の世界大の日本地理を縮密して、現島国に移写せしに過ぎざるなり」

つまり、太古の日本は、「世界大の日本地理」を有しており、現在の日本列島はそれを縮小して収めたものになっているというのだ。

もちろん、そういうだけではなんの説得力もない。そこで木村は、世界中の神話、言語、風俗、地理などを収集して徹底的に比較し、そのうえでなお「日本の太古史は世界の太古史である」と結論づけた。

木村によれば、日本民族は太古、現在のアルメニアで発生したのだという。その後、ギリシア、エジプト、ヨーロッパ、インドなどをその勢力範囲に収めた。

この前提からスタートした木村は、ギリ

シア語とラテン語をもとにして『古事記』『日本書紀』の読み直しに挑み、さまざまな検証も行っている。

その一例を紹介すると……。

まず日本列島発祥の地ともいえるオノゴロ島は、ギリシアのデーロス島、そしてイザナギ・イザナミから最初に生まれた子のヒルコは、アポロンの別名「ヒリコン」だという。淡島はアフリカで、韓国はガリア、新羅（しらぎ）はイタリア、高千穂はギリシアのオートリ山、富士山は東ヒマラヤ、日高見国（ひだかみこく）はチベットということになる。

さらに神々では、スサノヲがイランのスサの尊者、ヤマトタケルはアポロン、アメノオシホミミはシャカやキリストになったと木村は主張する。

当然ながら、日本民族は最古の文明民族であり、世界の主要民族や宗教は再び、日本を中心に和合統一されるべきと訴えた。

と書けばおわかりのように、この思想はアカデミズムからは無視されたものの、当時の国策や日本を神国と唱える人々には大きな思想的力となった。

もちろんそれは、古史古伝のもつ世界観、神話観、歴史観とも抵抗なく融合し、日本の八紘一宇（はっこういちう）運動を推進させる根源的な力になっていく。

その意味では、こうした木村のような思想は、超古代史と表裏一体であり、決して切り離すことはできないのである。

飛騨の国の天孫降臨の都

中部日本に複数回、神々は降臨していた!?

『竹内文書』によると、記紀でいう天孫降臨は、じつは複数回あった。最初のころはまだ、大地が固まっていなかったので、試行錯誤が行われていたのだ。そしてその、降臨の地についてはこう記されている。

「天越根日玉国狭依国越中国は、天国の柱国、天皇天神仙洞大宮の国、久々野山大宮舟山宮天神霊ませる」

「天越根」は日本を指し、「日玉国」は「ヒダマ＝ヒダ＝飛騨」だ。「狭依国」は不明だが、「越中国」は現在の富山県あたりだから、狭依国もこのあたりだろう。

また、五箇山ピラミッド（百八十五ページ参照）には、彼らが天界に戻るときに使った天空浮船の「発射台跡」とされる巨大な天柱石もある。

「天一天柱二神、大空の天に昇る所を、天一柱の国と名付」

と、同書に書かれた、これが天柱石だ。

そして――地上世界に人が生きていける環境が整い、天界から神々が完全に降臨したとき、アマテラスの神勅によって地球の支配権は完全に地上に移されたのだ。

「位山に、日の神の皇太子の居る大宮を日玉国と云ふ」

それが岐阜県の位山ピラミッド（百八十三ページ参照）だ。「日玉国」は「ヒダ」に通じると書いたが、ここに日本列島最初の都市が建設されたと、『竹内文書』は語るのである（ちなみに記紀の高天原にあたる神々が暮らす天界については、同書では「日球国」と記している）。

この日本列島最初の都で行われた、天皇即位式の様子も『竹内文書』にはある。

「天職天皇譲り受くときに、日大神ひ天皇自身に大杯を、父大日神に天杯を捧奏、のちに天皇即し、大日神詔して定む」

皇太子は、祭主となって自らの即位式を行い、自らに大杯を、父に天杯を捧げ、その後に即位したのである。

天孫降臨後、最初の皇祖皇太神宮が置かれた越中（富山県）の御皇城山。

ユーラシアのウガヤ王朝

大陸で展開された本当の王朝興亡史

作家の佐治芳彦氏は、ウガヤフキアエズが統治した王朝＝ウガヤ王朝について、日本列島ではなく、ユーラシア大陸にあったのではないかという説を提唱している。

何度も書いているように、記紀においてはウガヤフキアエズの記述がきわめて少ない。彼には神武を含む四人の皇子がいたが、神武以外はみな若くして命を落としており、ウガヤフキアエズも五百八十歳で死んでいる。

こうした「不自然」さから何らかの隠蔽（いんぺい）の匂いをかぎ取った氏は、ウガヤフキアエズの治世（もしくはウガヤ朝）について、意図的に「簡略化」されたと判断した。『竹内文書』や『富士宮下文書』『九鬼（くかみ）文書』に書かれているウガヤ朝の歴史は、その簡略化された歴史だというのである。ではなぜ、わざわざ簡略化したのか。キーワードは「国際化」だ。

古史古伝が伝えるように、ウガヤ朝が七十数代続いていたとすると、歴史的な年数計算からはきわめて整合性に欠けることになる。同氏によれば、ウガヤ王朝が一代限りのものだったとしても、それが「国内」にあった場合には飛鳥時代前後になってしまう、神武天皇は天武天皇の時代であり、明らかな矛盾が生まれてしまう。

しかし、ウガヤ朝が日本列島以外――おそらくはユーラシア大陸――にあったなら、その矛盾は解決される。ウガヤ朝の歴史とは、日本人（もしくは天皇家）の祖先たちが日本列島へ渡ってくる前の、遠い大陸の記憶だったというわけだ。

当然、それ以前の神話も、日本列島で起こったものではない。出雲王朝（スサノヲ／オオクニヌシ系）も天孫降臨した高天原（ニニギ系）も、大陸でのできことだ。高天原もユーラシア大陸にあった。そんな王朝の興亡史が記録に残されていないのは、それが常に「漂泊する王朝」だったからなのだ。

そして神武天皇の時代、ついに彼らは約束の地――日本列島――に到達したのである。

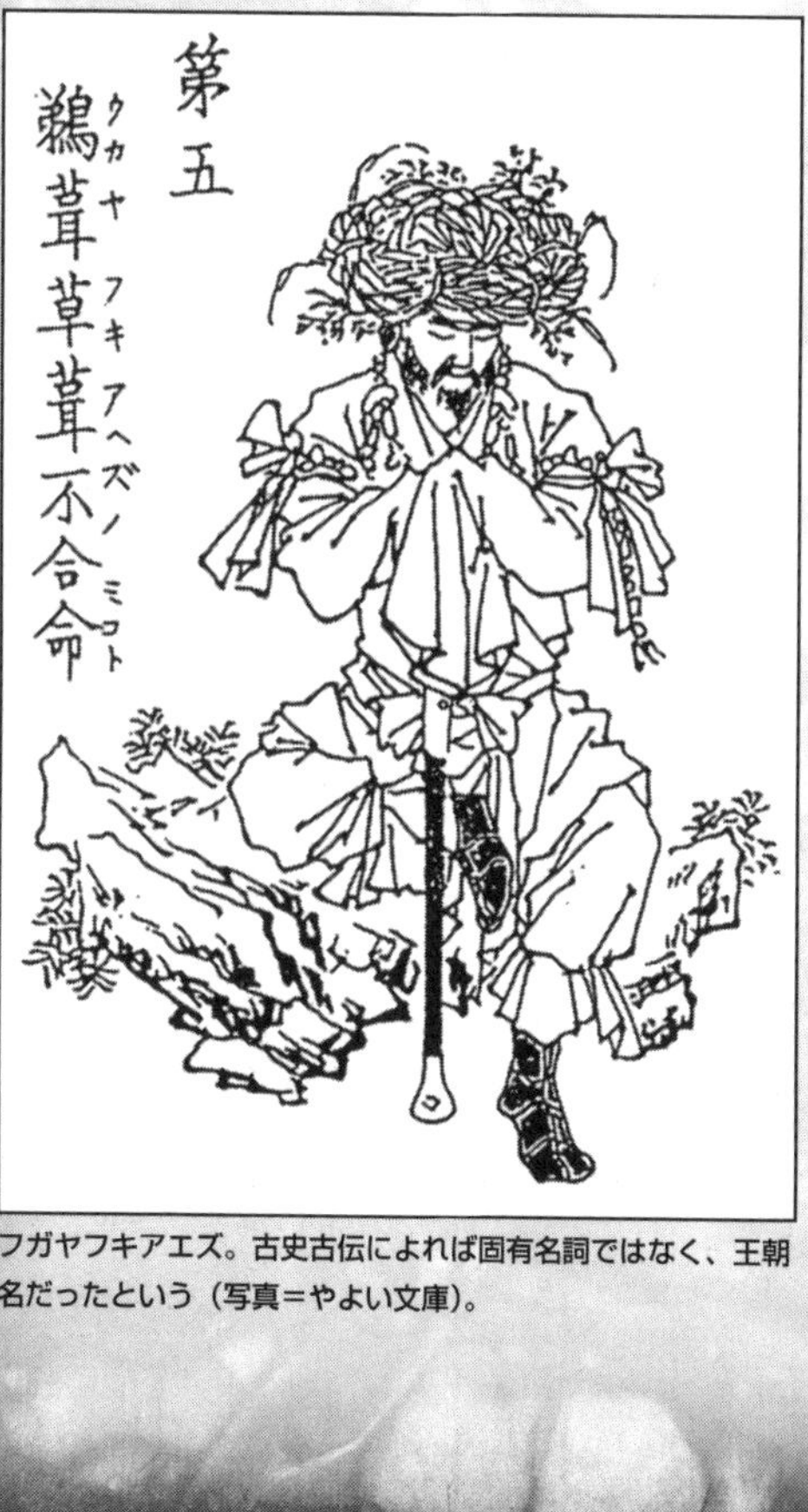

フガヤフキアエズ。古史古伝によれば固有名詞ではなく、王朝名だったという（写真＝やよい文庫）。

古代東北文明

北の果てにアラハバキの王国があった！

高い文化を示す縄文遺跡

文明や文化は、時代を経るにつれて発展し、より高度なものになっていく——それがわれわれの「常識」というものだろう。したがって教科書の時代区分、つまり「縄文時代」というのは、その後の「弥生時代」や「古墳時代」よりも劣ったもの、というふうに思いこまされてしまう。

縄文人は毛皮をまとい、狩猟・採集生活に明け暮れ、自然環境の変化によって簡単に生死を左右されたとか、石器時代の生活とほぼ変わらない、何の文化的思考も持たない人々だったなどというイメージは、まさにその刷り込みによるものだ。

だが実際には、そんなことはない。縄文人は稲作も食糧の備蓄も行っていたし、大きな村＝共同体も構成していた。

大きな縄文遺跡、つまり縄文集落というものは、多くが東国（関東よりも東もしくは北）にある。三内丸山、亀ヶ岡、大湯……最近になってわかってきたことだが、縄文人は、とても豊かな文化をもっていたのだ。

そして——縄文時代は、超古代とまさに時

三内丸山遺跡で出土した六本柱の穴から、再現された木造高層建築（写真＝共同通信）。

代的にぴたりと重なっているのだ。

たとえば『東日流外三郡誌』には、アラハバキ族なる集団が登場するが、彼らが崇める神は縄文時代の遮光器土偶の姿で描かれている。もちろん、そのまま鵜呑みにするわけにはいかないが、同書以外にも古代の東北地方に超古代文明の都があった——もしくは神が降臨した地があった——とする古史古伝は、複数、存在している。

先の三内丸山遺跡にしても、『東日流外三郡誌』では、津保毛族（アラハバキ族に統合された一族。詳細は百八ページを参照）の拠点集落だったとしている。また、集落遺跡の北西からは、直系二メートルという巨大な柱が六本、三×三の二列状態で発見されたことは多くの考古学者を驚かせたが、これについても同書には記録があったという。

ここはアラハバキ神を祀るための祭事所で、巨大な柱は三層（三階建て）の建物を築くための基礎だったというのだ。そして一階には水神、二階には地階、三階には天神が祀られていたのである。

消えた国際貿易港

興味深いのが、十三湊（とさみなと）という貿易港だ。

青森県の津軽半島に、十三湖（じゅうさんこ）という湖がある。『東日流外三郡誌』によれば、このあたりにはアラハバキ族の古代東北王朝があり、当時最大の国際貿易港・十三湊が世界への窓口としてたいへん栄えていた。

同書を編纂した秋田孝季（たかすえ）は、十三湊の往時の様子を次のように記している。

「十三湊山王坊十三宗、金剛界戒壇院及び三国山阿吽寺、胎蔵界七ヶ寺、即ち竜興寺、三井寺、長谷寺、禅林寺、檀林寺等なり。この寺閣は安東一族上下して崇むる霊場にして、本地垂迹の寺社は十三浦をして浜明神、尾崎神社、荒磯神社、山王日枝神社、熊野神社、湊明神、御瀬堂。また修験道場としては羽黒権現、熊野権現、大峯蔵王堂等ありて、春より秋まで、その祭事、十三の邑々をにぎわせたり」

十三湊にはたくさんの寺院、神社、修験道場などが立ち並び、春から秋までさまざまな宗教的祭事によって隅々の村々までにぎわっていたという。つまり、国際貿易港であると同時に、多くの国々からきた多彩な人々による国際宗教都市でもあったのだ。

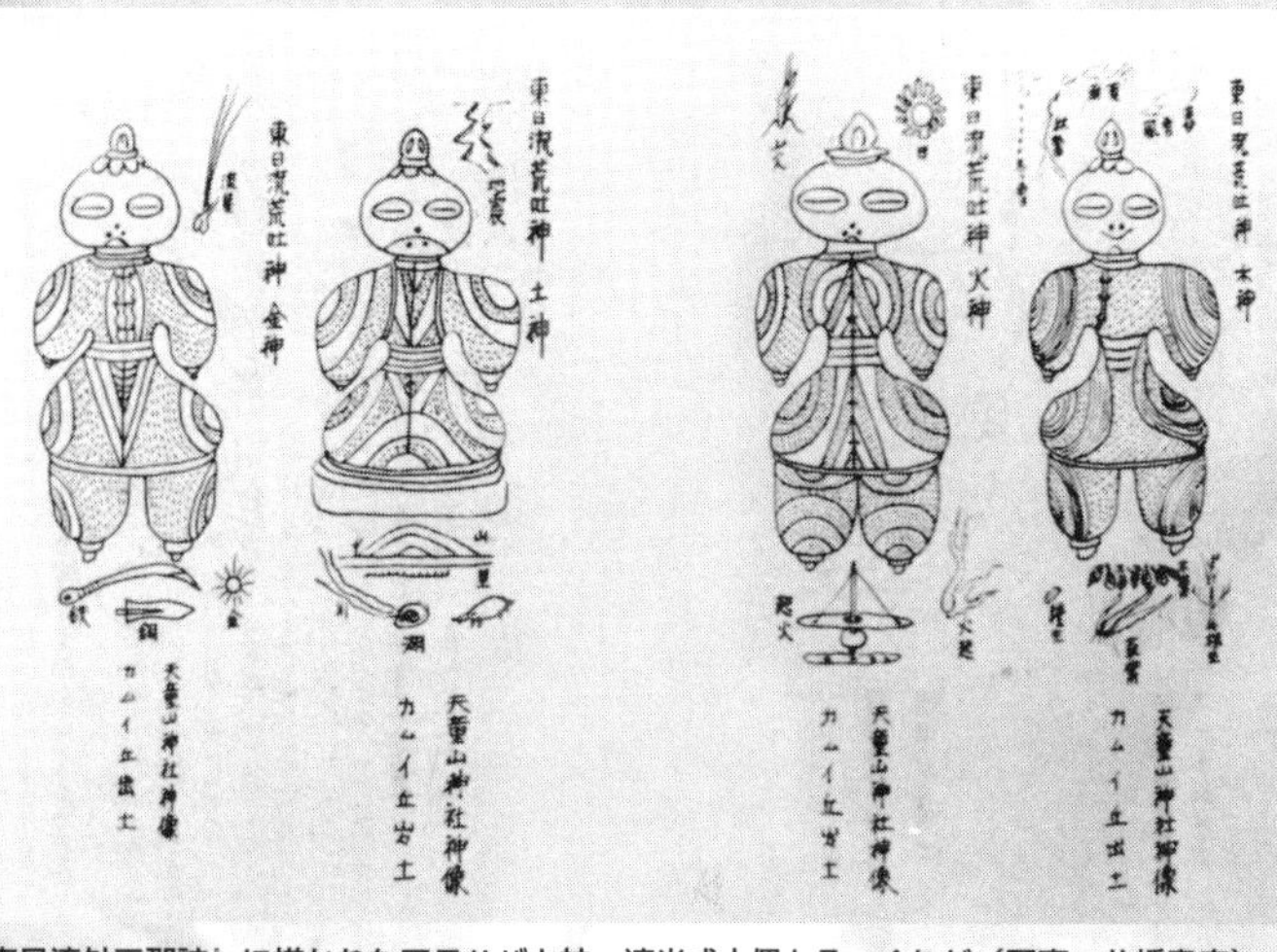

『東日流外三郡誌』に描かれたアラハバキ神。遮光式土偶とそっくりだ（写真＝八幡書店）。

ところが十三湊は、一晩にして壊滅する。

「時に突如として十三湊に大津波起こり、死者十万人をいだせる惨事たり」

突然の大津波で十三湊は壊滅状態になり、十万人の死者が出たというのだ。停泊していた船もことごとく沈んだ。以来、港は荒れ果て、諸国に出港していた五百三十六隻の船と船員たちも、二度と寄港することはなかった。

十三湊の跡地である十三湖の近くには、古代のピラミッドではないかと噂されるモヤ山（百八十ページ参照）もある。そこでも触れたが、山頂には岩木山の分神が祀られ、石臼状の御神体石も置かれている。

この山の神だけは、悠久の昔から静かに、東北古代都市の隆盛と衰退を見つめつづけてきたのかもしれない。

六甲カタカムナ文明

超古代テクノロジーのアシア族の都

超古代の技術書といわれる『カタカムナ文献』（百十二ページ参照）を残したカタカムナ文明は、兵庫県の六甲山系にあった。

同書によれば、兵庫県の芦屋（あしや）にはカタカムナ人が暮らしていて、その族長は「アシアトウアン」と呼ばれた。そして天孫族との戦いに敗れ、九州で死んだという。

ということは、いわゆる天孫降臨の時代、もしくはイワレヒコ（神武天皇）による東征のときまでは、彼らがこの地方を支配していたと思われる。

また彼らは「ミトロカエシ」という原子転換技術で無機物から有機物を発生させ、火を用いずに湯を沸かすことのできる特殊な金属を精錬した。その技術はどこへ行ったのだろう。

六甲山中に残る巨石遺構。カタカムナの名残か。

天日宮
ニギハヤヒ降臨の地の都

鳥海山(ちょうかい)の麓、秋田県大仙市に、物部氏の祖神ニギハヤヒを祀る唐松神社がある。ここは『物部文書』(百二十ページ参照)を伝えることで知られる神社だが、「天日宮(あめのひのみや)」と呼ばれる奇妙な形の社がある。

社を中心に、石が敷きつめられた塚と池が同心円状に配置されるというスタイルで、大正年間に竣工され、昭和になって完成したものだという。

建物自体はさほど古くはないのだが、『物部文書』によればこの鳥海山は、ニギハヤヒが天界から降臨し、最初の宮(日の宮)を建てたところなのである。したがってここは、かつての東北王朝の跡地、とも考えられるわけだ。

唐松神社の天日宮。ニギハヤヒが天降ったとされる鳥海山の北麓にある。

富士古代王朝の都・家基津

神農によって拓かれた富士北麓の都

日本列島を目指す神農の旅

『富士宮下文書』(百十六ページを参照)では、富士山の北麓で栄えた富士古代王朝最初期の姿をこのように伝えている。

遠い遠い昔、中国の神・神農(しんのう)は、東方に大陸(日本列島)があることを知って、そこに息子を派遣した。ところが息子は日本列島を気に入り、現在の淡路島に定住してしまう。そうとは知らない神農は、別の息子ら眷属(けんぞく)七百人を連れて、自ら日本列島を目指すことになった。

一行は朝鮮半島を経由して、まずは対馬(つしま)に到着。日本海経由で佐渡島へ向かい、そこで進路を変えると能登半島に上陸した。こうして日本列島に辿り着いた彼らは、陸路で内陸へと入っていったのだが、飛騨山中へ至ったとき、はるか遠くに美しくそびえる富士山を発見した。

目指す場所はあそこだと確信した神農だったが、このまま山中を進むのは困難だと判断。富士山の位置を確認すると日本海に戻り、再び船を出した。今度は北九州から瀬戸内海へ入り、紀伊半島をまわって駿河湾に至る。こうして日本列島をぐるりとまわって富士山に着いた神農は、その北麓を都と定め、「家基津」と命名したのだ。

神農が連れてきた眷属たちは、いずれも古代から伝わるさまざまな叡智の担い手ばかりだった。そのため、それまで富士山周辺に住んでいた人々も、彼らが運んできたすぐれた農業技術や医学知識を得ることができた。

こうして古代中国と日本の叡智を融合させた富士山北麓の都・家基津は、大いに栄えることになったのである。

神農が富士山の麓を都に定めたのは、大原と温泉があり、草の実や木の実など食べ物が豊富で、湖水もあって住みやすいところだったからだという。

そして神農の子孫たちが育つと、彼らは家基津を拠点として、次々と国土の開拓に乗り

古代中国における重要な神、神農。この神が日本列島を訪れ、富士山北麓に家基津という都を建設した。

だしていった。

日本神話の真実

注目すべきは天皇家の祖先神が住まう高天原について、『富士宮下文書』では富士山一帯の神農が住んだこの地域のことだとしている点である。

具体的にいうと、日本神話に登場する「神代七代」およびアマテラス、スサノヲなどの神々はみな神農の子孫であり、実在の人物だったというのだ。

たとえば神農の五男・農立日子は神代七代の国常立尊であり、淡路島に渡って西日本を支配した。また、七男・農佐日子の五男（つまり孫）の田仁知日子は、国産み神話のイザナギにあたるというのである。

さらに田仁知日子の長女が天津大日留女尊で、これがアマテラスとなる。

天津大日留女尊は、富士山近にある阿祖谷小室の阿祖山に「阿祖山太神宮」を建立するが、これこそが日本最初の神社であり、なおかつ『富士宮下文書』を伝える宮下家が大宮司をつとめてきた社なのだ。

また富士古代王朝には、『竹内文書』に登場する「ヒヒイロカネ」という謎の金属もあった。ただし、使い方が少し違っていて、ここではヒヒイロカネは人間に、神々にも匹敵する力と若さをもたらしたという。また、ある特殊な方法で用いることによって、数万里離れた場所との通信を可能とし、船に使えば空中に浮きあがらせて、日に一万一千里も移動することができた。

日本列島（熊野）に上陸する徐福一行。彼らも富士王朝に永住することになる。

彼らはこの飛行技術をもって世界各地へと飛び、文明を伝えた。現在、南米やヨーロッパなど世界各地で見られる来訪神伝説（遠いところから神がやってきて文明を伝えたとする伝説）は、このときの出来事がもとになっているという。

そして――古史古伝で問題となるウガヤ朝についても、同書は詳しく触れている。『富士宮下文書』におけるウガヤ朝は、『竹内文書』の七十二代よりも少ない五十一代である。そしてその五十一代目を初代天皇・神武天皇とする。このとき初めて、彼らは富士山を離れ、大和へ移ったのだ、と。

ちょうどこのころ、大和では日本列島進出を狙う朝鮮半島の勢力と、近畿在住の豪族・ナガスネヒコが結託し、反乱を起こしていた。

そこで神武天皇は、父とともに反乱鎮圧に向かった。記紀にいう「神武東征」はこの反乱鎮圧の遠征の記録であり、そこに書かれたエピソードもこのときの出来事だと『富士宮下文書』はいうのである。

反乱鎮圧に成功すると、神武天皇は都を大和に移した。そこで、初代天皇として即位した。これが大和朝廷の始まりとなる。

もちろん、その後も富士山北麓が日本列島（と世界）における最先端文明の地であることに変わりはなかった。家基津は以後、「天都」と呼ばれるようになり、歴代天皇は皇位継承時には必ずこの古い都を訪れ、即位式を行うことになっていた。

ところが――。

延暦十九（八〇〇）年、富士山が大噴火を起こすのだ。

大噴火で溶岩の下に

『富士宮下文書』はその様子を次のように伝えている。

「神社仏閣をはじめ、人々、草木・鳥獣・魚虫の類に至るまで福地山（富士山）の廻りは二十里四方が皆消滅」

「福地山は大地震、大強暴風、百雷一時に来たりて鳴りひびく。六日日夜、七日七夜、福地山一円、何箇所となく、噴火致し、八方の沢々に熱湯押し出し、福地山二十里四方の人家・馬・牛・鹿を始め、諸々の鳥獣・草木まで皆焼失し、福地山二十里四方の沢々谷々まで人家覆いて、岩石の『満流尾』となり、山山谷々は皆真っ赤の山々谷々となり、南海の

かつて阿祖山神宮があったとされる杓子山から富士山を望む。

大海も三、四里沖まで真っ赤……」

噴火した福地山（富士山）は、すさまじい被害をもたらした。阿祖山大神宮さえも溶岩で埋め尽くす、激しい噴火だった。

当然、天都は大きな被害を受けた。

しかも――不幸はさらに続いた。間もない貞観六（八六四）年に、再び「福地山」が大噴火したのだ。このときには山腹を含む十三か所から次々と噴煙があがり、天都も人々も、ことごとく溶岩の海に呑みこまれてしまった。

ちなみにこの富士山大噴火は歴史的事実として史書にも記録されており、それが『富士宮下文書』の記述の正確さを証明する一助にもなっている。富士山周辺が古来、聖地とされているのには、あるいはこうした背景があったのかもしれない。

日高見の都

宮城県仙台地方の高天原

『秀真伝』（百二十四ページ参照）では、天地開闢の神クニトコタチが最初に治めた土地（ヨコヨクニ）を、陸奥の「ヒタカミ」であるとしている。「ヒタカミ」とは「日高見」、現在の宮城県仙台地方だ。つまり日本は（さらには世界も）東北地方から始まったというのである。天皇家の祖先もヒタカミの高天原から筑波山、富士山、近江へと移動し、さらに九州の高千穂へ移った。神武東征ならぬ、神々による「西征」なのだ。

いうまでもなく、神道の神社建築のルーツや古代の文明、技術のルーツもまた、東北にある。

このように同書は、古代における東国の優位性を語るものになっている。文化は西からきたのか、東からきたのか。

日高見王朝があったとされる、現在の仙台市（写真＝共同通信）。

謎の九州王朝

ウガヤ七十三代繁栄の地は九州にあった？

記紀では、天孫降臨の地を九州高千穂（たかちほ）とするが、ニニギノミコトの業績に関する記述はない。しかし『上記（うえつふみ）』は、ニニギは全国巡幸を行い、医術や冶金術、造船法などを教えたとする。さらに、ウガヤ朝は神武まで、七十三代続いたとしている。これはつまり、九州にウガヤ朝があったということだ。

問題はこのウガヤ朝がどこにあったかだが、候補地としては高千穂、阿蘇山一帯、そして現在の太宰府付近が挙げられる。

実際、太宰府に九州王朝があったという説は根強い。倭国、邪馬台国まで含めれば、九州王朝の謎と闇は深く広がっているのだ。

九州高千穂。ここは古代九州王朝の重要参考地でもある。

十和利山とエデンの花園
キリストも留学した十和田湖畔の楽園

青森県の十和田高原には十和利山、別名を「トガリ山」という山がある（富山県の尖山ピラミッドとは別）。昭和十（一九三五）年のことだ。天津教の竹内巨麿が突然、十和利山を訪れると、こう口走った。

「このトガリ山こそ、五万年前の太古ピラミッドである！　山の小高い丘には、太古の神殿が築かれ、五十体の神々が祀られたのである！」

いったいどういうことなのか。

『竹内文書』によれば、ウガヤ王朝第二十四代のニニギノスメラミコトが、天浮船に乗って世界を巡幸したあとで、現在の青森県十和田高原の迷ケ平に降り、都を開いた。

ざっと五万年も前の話で、そのころはまだ十和田湖はなく、大十和田山というピラミッド形の美しい山があった。

ニニギはこの十和田山東麓の外輪山、十和利山の山頂に皇太神宮を祀り、その中腹には巨大な神殿を築く。都はこの神殿を中心に、東西十六キロ、南北十九キロにわたって栄えたという。まさに巨大都市だ。

竹内巨麿は、このことを口にしていたのだ。

この都には、世界中のエリートが訪れ、最

エデンの花園＝迷ケ平。中央には、ゆるやかなマウンドも見える。

先端の学問を学んだ。そのなかのひとりが、イエス・キリストである。

『光りは東方より』でこの問題を世に問うた山根キク子（百六十四ページ参照）によれば、十和利山にほど近いところに、今も迷ケ平という平地がある。秋田県と青森県の分水嶺にもなっているところだが、彼女は同書のなかでここを「エデンの花園」と名づけている。

彼女によればここここそが、かつてニニギノミコトの政庁があった場所であり、高天原でもあったのだ。

ところでこの都は、世界の中心地として1万年以上も栄えたものの、大十和田山の噴火によって地中に沈んでしまった。大十和田山は大陥没し、現在は十和田湖の一部になってしまっているのだ。

●コラム●
七

世界最古の都市はトルコにあった？

古史古伝におけるウガヤ王朝はひとまず置いておいて、歴史の教科書で習う世界最古の文明は、古代シュメールということになるだろう。古い世代には、初期のメソポタミア文明といったほうがわかりやすいかもしれない。では、世界最古の都市もシュメールにあるのだろうか。

じつは最近、世界最古の都市はトルコにあったという説が出てきている。それがチャタル・ヒュユクの遺跡だ。

年代的には、紀元前7500年にまで遡ると考えられるこの遺跡は、それぞれがゴミ捨て場をもつ家によって構成されており、最盛期では人口1万人を抱えていたと推測されている。

この家というのが興味深く、土煉瓦の四角い部屋を積み重ねた構造で、部屋のあいだに通路や窓はない。ただ、それぞれの部屋の天井に穴があいており、唯一、屋上だけが外との出入り口となっていたらしい。

基本的に彼らの都市は階級や貧富の差が存在しない平等な社会で、王や神官などの権力者の遺物も発見されていない。主たる産業は農業と家畜の飼育で、黒曜石でつくった石器を地中海に「輸出」もしていたとされる。

このようにチャタル・ヒュユクは、十分に世界最古の都市の条件を備えているようにも思える。もちろん都市の定義によっては、結論はさまざまに変わってくるのだが……。

ちなみに木村鷹太郎（190ページ参照）によれば、トルコがある小アジア（アルメニア）は、日本民族発祥の地とされているのである。

第八章
超古代のオーパーツ

総論

日本列島の超古代遺跡

日本列島に人が暮らしはじめた時期については、正確なところはわかっていない。一説によれば、まだ大陸と地続きだった十万〜七万年ほど前に、動物たち（獲物）を追ってやってきた旧石器時代人が最初で、やがて彼らは地殻変動によって大陸と切り離され、そこに南方から船でやっていた人人も加わり、独自の進化と発展を遂げたといわれている。

このように年代がはっきりしない理由のひとつに、日本列島全体が火山灰で覆われているということがある。そのため土壌が酸性で、人骨が土中で残りにくいのだ。

しかし、一方で超古代文明の存在を示唆する遺跡は、日本各地に存在する。とくに石でできたものは、土壌に関係なく残り、大地にしっかりと残されるからだ。

そもそも古代遺跡やそこからの出土物は、歴史を知るうえできわめて重要なものだが、なかには場所や時代とまったくそぐわないものがある。

時代的にあり得ず、そこにあるはずがな

いもの――これを「out-of-place artifact＝場違いな工芸品＝オーパーツ」と呼ぶ。

あるいはずっと昔からそこにあるのだが、由来も置かれた経緯も失われ、謎と伝説に包まれた遺物たち。これもまた、オーパーツの一種といっていいだろう。

本章で紹介するのは、日本列島に残された、そんな「場違い」もしくは「不思議」な遺物たちである。

その性質上、石でできているものが多い。いずれも、いつ、だれが、なぜ、なんのためにそこに置いたのか、まったく不明のオーパーツたちである。

六甲のカタカムナ文明を見るまでもなく、一般に超古代文明の特徴は、巨石にある。巨石を切り出し、運び、積み重ねる。そしてそこから強大な大地のエネルギーを取り出し、利用していたふしがあるのだ。そうとでも考えなければ、あれほど巨大な石を自在に移動させることは不可能だったに違いない。

第六章で紹介した日本のピラミッド群は、まさにそのエネルギーを操るための巨大な「装置」でもあった。

もちろん、当時において使われたテクノロジーが、どんなものだったのか、現在となっては知る由もないのだが、ここではそんな超古代のテクノロジーの片鱗に触れることができる、謎の「遺物」を紹介していくことにしたい。

日本中央の碑

田村麻呂が文字を刻んだ謎の石碑

青森県上北郡東北町は、下北半島の付け根のあたりに位置する。本州でいえば、北の果てに近い場所といっていい。ところがどういうわけかここには、「日本中央」と刻まれた古碑が存在するのである。

この碑は、高さ一・五メートル、幅七十センチほどの自然石で、文字は中央に大きく刻まれている。現在は東北町の「日本中央の碑保存館」に展示されているが、かつては草むらに埋もれていた。そのため風化が進み、かろうじて読み取れるかどうかという程度に文字が摩耗してしまっている。

ここにはもともと、「壺（都母）の石文」という古碑の伝承があった。平安時代、坂上田村麻呂が蝦夷を討つために東北町あたりを訪れたおり、坪村で「日本中央」という文字を石に刻印したというのだ。そんな記録が、十二世紀の書物にあるのである。

しかし、それはあくまでも伝承であって、実物はどこにもなかった。ところが昭和二十四（一九四九）年六月、保存館の近くを流れる赤川の渓流脇の草むらのなかから、まさしく「日本中央」と刻まれた石が出てきたのだ。

ではこれこそが、伝説の石碑なのか。もち

坂上田村麻呂が文字を刻んだとされる、「日本中央の碑」。

ろん、それだけで本物とはいえない。後世の偽作の可能性もあるからだ。しかし、ある大学教授の鑑定によれば、「書体も刻みも後年のものとは思えない」そうである。

したがってこれが、「壺の石文」である可能性は高いのだが……それならばなぜ、田村麻呂はこの地で、「日本中央」などと刻んだのだろうか。

ちなみに「日本」には「日の本＝日の昇るところ＝東国」という意味もある。だから、東北地方が西国（大和）から見て「日本」と呼ばれていた可能性もある。しかし『東日流外三郡誌』の舞台である津軽の安藤氏も「日之本将軍」と自称していたので、かつては東北こそが「日本」であり、超古代文明の中心地だった可能性も捨てきれない。

聖徳太子の地球儀

ムー大陸が記された太古の地球儀

兵庫県揖保郡太子町の斑鳩寺には、奇妙な「遺物」がある。「地中石」というのだが、「聖徳太子の地球儀」のほうが通りがいい。斑鳩寺は六〇七年に聖徳太子によって建立されたと伝えられる古寺で、太子ゆかりの宝物も多い。そして地中石もまた、聖徳太子ゆかりとされる品のひとつなのだ。

ではなぜ「地球儀」なのか。

大きさはちょうどソフトボールほどで、球形をしている。材質は石か陶器のようだが、テレビ局の番組による分析では、石灰や海藻糊を材料として、漆喰のような技法でつくられていることがわかっている。

しかし、問題は材質ではなく表面だ。なんとそこには、南北アメリカ大陸やユーラシア大陸とされる凸部と、太平洋や大西洋とされる凹部によって、地球の地形が見事につくられている。それゆえこれは、「聖徳太子の地球儀」と呼ばれる。

しかも――どういうわけか、南極大陸とムー大陸に相当する位置にも、大陸が置かれている。ちなみに南極大陸が発見されたのは十九世紀になってのことだし、ムー大陸にいたっては、存在が広く知られるようになったのは二十世紀なのである。

　この聖徳太子の地球儀が、いつから斑鳩寺にあるのかはわかっておらず、つくられた年代も不明だ。だが、江戸時代の寺の目録に「土中石」という記述が見られるので、これが聖徳太子の地球儀であるなら、少なくとも江戸時代にはすでにあったということになる。

　ましてやそれが「聖徳太子の地球儀」という名前のとおり、本当に太子由来のものだとしたら、まったくもってミステリアスなものとなる。地球が丸いのはもちろん、南北アメリカ大陸やユーラシア大陸、南極大陸、さらにはムー大陸まで配置された地球儀をつくれる人々とは何者なのか？

　あるいはこれも、超古代文明の遺物なのだろうか。

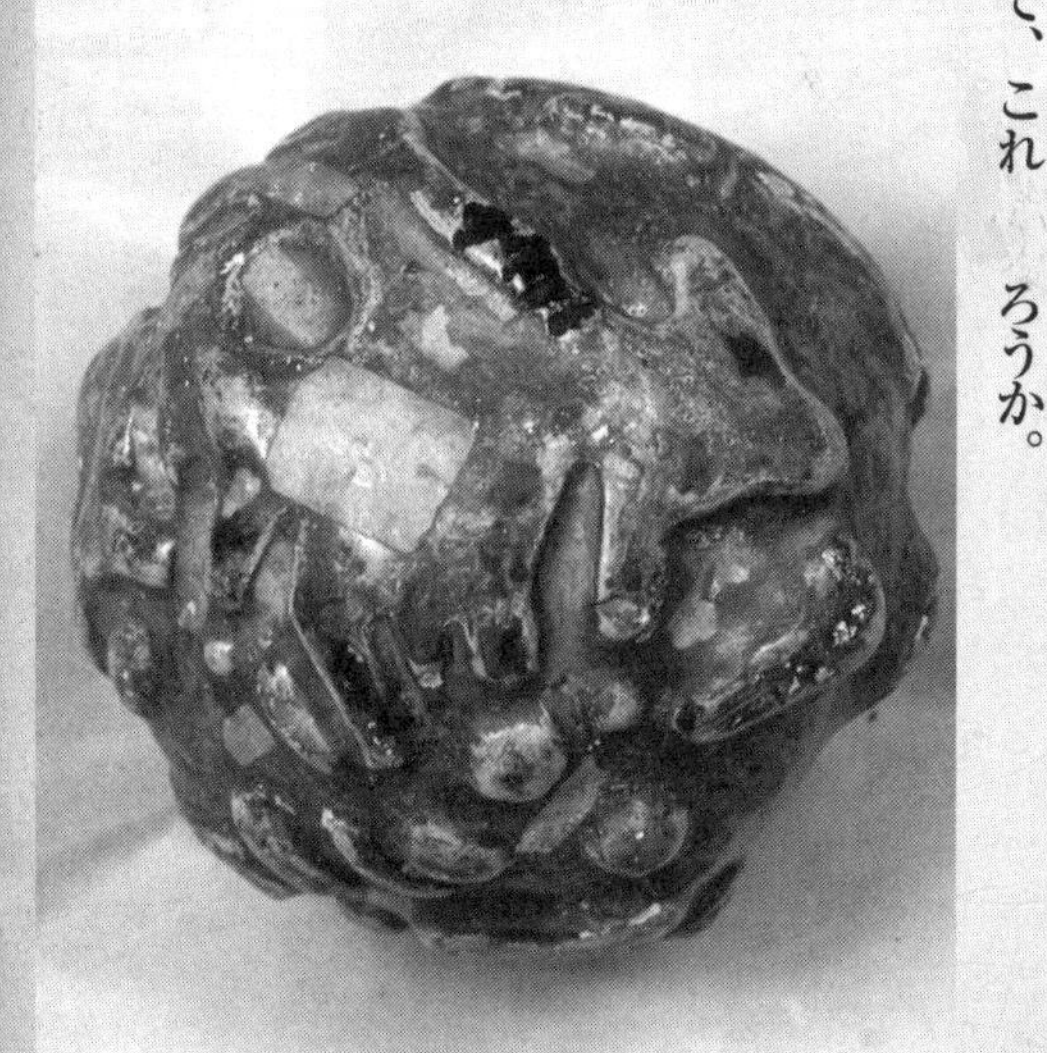
各大陸ばかりか南極やムー大陸まで刻まれた、聖徳太子の地球儀と呼ばれる、謎の遺物（斑鳩寺蔵）。

大湯ストーンサークル

プレ縄文の可能性を秘めたストーンサークル

覆された時代測定

秋田県鹿角市に、謎に包まれた縄文遺跡がある。

国の特別史跡にも指定されている「大湯環状列石」だ。「大湯ストーンサークル」というほうがよく知られているかもしれない。

ただしこれは総称で、実際には直径約四十メートルの「野中堂遺跡」と、直径約四十五メートルの「万座遺跡」というふたつのストーンサークルが、およそ百三十メートルほど離れて東西に配置されている縄文後期遺跡のことである。

まずは形状から説明していこう。

基本的なつくりはふたつとも同じで、丸い河原石を円形に並べた石のサークルが、外周と内周の二重に配置されている。また、外周と内周の間には、一本の立石から放射状に並べられた細長い複数の石があって、これはその形から「日時計」と呼ばれている。

学術調査の手が入ったのは意外と遅く、昭和二十六（一九五一）年からその翌年にかけてだった。その段階では、縄文時代の「墓地説」や「多目的祭祀場説」などが有力視され

大湯ストーンサークルの「日時計」と呼ばれる中央部。

ていたのだが、平成五（一九九三）年に行われた地中レーダー調査によって、これらの定説を覆すようなデータが確認された。

というのも、今では周囲よりもやや低いところにある万座のストーンサークルが、かつては周囲よりも二メートルほど高い位置にあったことが判明したのだ。そのうえ周囲には、堀のようなものまで確認されている。

どういうことかというと、最初のストーンサークルは堀に囲まれており、しかも周囲より小高くつくられていたのだ。ところがやがて堀が埋められ、さらにその上にも土が盛られて、今ではストーンサークルのほうが窪地状になってしまったというのである。

じつはこの遺跡が縄文後期のものと推測されたのはサークル周辺――つまり「堀」の部

分——から出土した土器や土偶の年代測定によるものだった。しかし、最初は「堀」のような状態だったとすると、話は大きく違ってくる。ここに土が入れられ、土器や土偶が埋められ（捨てられ）たのは、サークルがつくられた時代よりずっと後ということになるからである。

黒又山との関係は？

逆にいえば、土器や土、つまりゴミを捨てた縄文人がここに定住したとき、ストーンサークルをつくった人々はすでにおらず、ただ謎の石組みだけが残されていたという可能性も生まれてきたわけだ。そうなると、ストーンサークルと縄文人は、まったく無関係ということになるかもしれないし、年代もさらに遡るかもしれない。

ここで登場してくるのが、ピラミッドではないかといわれる黒又山（百六十八ページ参照）だ。大湯ストーンサークルから黒又山は近く、美しい二等辺三角形の稜線を見通すことができる。

いや、それどころか黒又山がもっとも美しく見える場所に、わざわざストーンサークルをつくった可能性だってある。つまり、黒又山と大湯ストーンサークルが、同じ制作者による同じ施設だったということだ。

たとえば黒又山山頂にある神社では、丸い川原石が組石や礎石に使われている。そしてこの川原石は、大湯ストーンサークルとまったく同質・同サイズのものなのだ。もちろん現段階では推測にすぎないが、黒又山の山頂もしくは斜面にも、大湯のようなストーンサークルがあった可能性は高い。酒井勝軍によるピラミッドの定義でも、山頂には太陽石、つまりストーンサークルが置かれているはずだからだ。

だが、大湯も黒又山も、製作者たちが立ち去り、使用法も失われた結果、いつしかストーンサークルは解体され、埋められていった。黒又山のそれは、バラバラにされて神社建設の際に材料として利用されたのだろう。

いずれにしても大湯ストーンサークルは、単なる墓地や祭祀施設ではなかったはずだ。それはおそらく、黒又山とセットで機能していたのだ。そして両者に共通するパワーの源泉として、ストーンサークルが置かれていたのではないだろうか。

大湯ストーンサークルから黒又山を望む。ここはまさに、黒又山を拝するのにベストな場所なのだ。

鹿島神宮の要石

国土平安を願う大地の要

茨城県鹿島神宮の境内には、要石と呼ばれる不思議な石がある。全体が土に埋まっていて、表面に出ているのは高さは十五センチ、直径は四十センチ程度だが、地中部分は計り知れないとされ、徳川光圀が七日七夜掘りつづけても底が見える気配がなかったといわれる底なしの石だ。

国譲り神話で出雲を平定したタケミカヅチが、国土平安を願って地面に突き刺した剣が石になったものだといい、大地震を抑える石だという信仰もある。

さらに、鹿島神宮と対をなすといっていい千葉県の香取神宮にも、やはり同じような要石があり、ふたつの石は地中でつながっているという伝説もある。

鹿島神宮の要石。地表に出ているのは、本当にごくわずかな部分のみだ。

飛鳥の巨石群

正体不明の巨大な岩の遺跡たち

奈良県飛鳥地方には、いくつもの謎の石像物がある。猿石、亀石、道祖神石、酒船石、益田の岩船、鬼の雪隠、鬼の俎……長いあいだ謎とされてきたこれらの遺物について、炎を拝するゾロアスター教の儀式遺構であるとしたのは松本清張だった。また、道祖神石のように噴水機能をもつものは、飛鳥を水の神アナーヒタにまつわる水の都にしようとしたものではなかったかとも指摘している。

そして、不可思議な幾何学模様のような溝が彫られた酒船石については、「ハオマ」という神聖なる酒を製造するために使われたのではないかと推測した。

残念ながら現在の日本史学ではまったく受け入れられていないものの、重要な指摘であることは間違いない。

益田の岩船と呼ばれる謎の巨石。

中津川のフナ石

天之鳥船が石化したものか？

岐阜県中津川市の丸山神社には、「フナ石」と呼ばれる魚のような形をした岩がある。長さ十五メートル、高さ五メートルほど。神社の説明では、岩についての記録や伝承はいっさいないとされており、実際、来歴はまるでわかっていない。

ただ、一部の研究者のあいだでは、この岩は古代の「天之鳥船」を象った人工のモニュメントではないか、といわれているのだ。

また、周囲には巨大な磐座（いわくら）があちらこちらにあり、これもフナ石と関連する超古代の遺跡であるといわれている。

ちなみにこの地ではかつて頻繁にUFOの目撃事件も起こっており、そのときにはこのフナ石との関連性が噂されたこともある。

巨大なフナ石。フナは鮒とも船とも受け取れる。

貴船神社の船形石

玉依姫の小舟が岩に変化した？

京都・貴船神社の奥宮本殿の西側にある、船の形をした岩が「船形石」だ。長さ十メートル、幅四メートル、高さ二メートルで、たしかにほぼ実物大である。

社殿によれば、神武天皇の母神であり、ウガヤフキアエズの妻であった玉依姫が、大阪湾から水源を求めて黄色の船に乗って鴨川をさかのぼり、この地にやってきた。そこで水神を祀ると、乗ってきた船を人目に触れないように小石で包んだのがこの岩だとされる。

船信仰の聖地でもあり、航海するときにはこの岩の小石を携帯することで、海上の安全が約束されたという信仰もある。

現状ではそれ以上のことはわからないが、もしかするとこれも天空浮船のひとつかもしれない。

その昔、玉依姫が乗ってきたという、貴船神社の船形石。

丸石神

超古代にルーツをもつ民間信仰遺跡？

甲府盆地にいくと、いたるところでひとつもしくは複数の丸い石が祀られている風景を見ることができる。祠（ほこら）に入れられていたり、露天で山積みにされていたり、祀られ方はさまざまだが、いずれも熱心な信仰を感じることができるのだ。

この丸石神信仰、基本は道祖神だといわれている。道祖神は「賽（さい）の神」とか「地返（ちがえ）しの大神」ともいうが、要するに旅人の安全を守ったり、村に妖怪や悪霊などが入ってこないようにしてくれる神のことだ。

実際、丸石神もそのほとんどは、路傍や辻に置かれている。しかしその一方で、神社の奥の院に祀られていたり、人があまりこないような山中に置かれていることもある。その場合、道祖神というのは考えにくいだろう。

それに、そもそもなぜ丸い石を道祖神として祀っているのか。その理由もルーツも、よくわかっていないのである。

ルーツといえば、祀られている石には比較的近年のものが多い。その意味では、さほど古い信仰とは思えないかもしれないが、起源を辿っていくと古代にまで遡るのではないかともいわれている。さらに、同様の信仰は東京の奥多摩地方にも見られ、一部では縄文時代の「御霊(みたま)」＝魂を丸いものと見る信仰につながっているのではないかという指摘もある。

　気になるのは丸石神がある甲府地方が、平安時代のころまでは生命を再生させる神仙の地と見なされていたということだ。もしかするとそれは、この丸石神信仰とも関係があるのかもしれない。なぜなら丸い石は卵のイメージであり、子産みや豊饒(ほうじょう)のシンボルという意味合いもあるからだ。

　あるいは想像をたくましくすれば、甲府盆地の要所要所に置かれたその場所にも意味があるのかもしれない。もちろんそれは、大地のエネルギーのネットワークであり、丸石神はそれを抑えたり流したりする、一種の「要石(かなめいし)」だったのかもしれないのである。

甲府地方にある丸石神。ごく無造作に祀られていることが多い。

石の宝殿

神々が彫りかけてやめた神殿

「石の宝殿」と呼ばれる遺跡がある。

由来も用途も不明な謎の巨石遺跡で、兵庫・大阪に複数、存在しているが、もっとも有名なものといえば、兵庫県高砂市の生石神社にある石の宝殿（あるいは鎮の石室、天の浮石、浮石などともいう）だろう。

この石の宝殿は幅六・四メートル、高さ五・七メートル、奥行き七・二メートル、重さは推定五百トンを超える巨石で、背面には建物の屋根風の造作がある。世にいう「日本三奇」のひとつで（ほかは霧島の天の逆鉾と塩竈神社の塩竈）、こちらはひとことでいうと家を横倒しにしたような形状をしている。まさに「石の宝殿」なのだ。

生石神社の社伝によれば、オオナムチとスクナヒコナの二神が播磨国にきたとき、ここ石の宝殿をつくろうとして一夜で岩盤を削ったものの、途中で土着の神の反乱が起こって作業は中断。そのままになったものだという。

また、『播磨国風土記』には、聖徳太子の時代に物部守屋によってつくられたと書かれているが、こちらは時代的なズレ（太子の摂政時代には守屋はすでに死亡している）から、信憑性は薄いとされている。

石の宝殿。この角度から見ると、全体の姿がよくわかる。

現在では石の上面は土で埋もれ、木が生えているが、本来はここに「部屋」になるような穴が穿(うが)たれており、そこからもおそらくは前方に九十度引き起こして完成、という予定だったものだろうと思われる。もしもそうであれば、前述の背面にある屋根風の造作が、まさに「屋根」になるからだ。

一部では、石棺ではないかという説もあるが、それにしてはあまりにも巨大すぎる。そもそもこれだけ巨大な石棺を、どうやって運びだそうというのだろうか。

先の飛鳥の巨石群との関係でいえば、故・松本清張が、この石の宝殿も飛鳥の巨石となんらかの関係があるのではないかという指摘をしているが、検証はまったく進んでいないのが現状だ。

卑弥呼の墓

山中に残された謎の五角形の磐座

四国に、卑弥呼の墓がある。

『魏志倭人伝』に記された卑弥呼の墓についての記述、「卑弥呼以て死す、大いに塚を作る。径百余歩」に、サイズがぴたり一致しているというのである。場所は、徳島市国府町矢野神山の標高百十メートル地点に鎮座する、天石門別八倉比売神宮奥の院の神陵だ。

直径三十五メートルの塚と、その奥に直径十メートルほどの円墳を築いた山上墳で、全体を取り巻くように参道が巡らされている。塚の頂上には、ほぼ正五角形の石積みの祭壇も見ることができる。この参道の距離がおよそ三百四十メートルで、神社の古記録にも「神陵の径は百八歩」と書かれているのである。

ちなみに神社の祭神はオオヒルメ＝アマテラスであり、「ヒルメ」とはまさに「ヒミコ」のことなのだ。

正五角形の積み石祭壇についても、徳島県ではこうした五角形の聖なる囲みの祭壇が二千基以上も確認されている。いずれも五角形の五つの面にはアマテラス、オオクニヌシ、スクナヒコナ、ハニヤスヒメ、ウカノミタマの五神があてられており、アマテラスは必ず北面するというルールもあるのだという。

「卑弥呼の墓」とされる、天石門別八倉比売神宮奥の院の神陵。

北面はまさに、皇帝・天子が鎮座する場所なのだ。

そして、徳島県にこうしたネットワークがあったとしたら、何らかの意図をもって建設された可能性も十分に考えられる。もしかすると古代の通信網の跡なのかもしれない。

というのもこの卑弥呼の墓にまつわる話として、卑弥呼の時代よりもさらに古い起源をもつと思われる、古代の通信システムの存在が語られているからだ。

その方法は、物見台から太陽光を銅鏡に反射させて、光の信号をつくるというもの。受け手者も銅鏡で光を反射させ、それを繰り返す。いわば光を利用した通信システムを構築していたというのである。魏から贈られたという銅鏡百枚は、そのために使われたという。

鬼ノ城

鬼が築いた山中の巨大岩城

岡山県総社市の標高約四百メートルの山の頂に築かれた、石の要塞が「鬼ノ城」だ。いわゆる古代の山城で、面積は約三十ヘクタールもある。それを囲むように築かれた巨石の城壁は、高さ約六メートル、長さ約三キロ弱。途中、突き固められた土塁や石塁が見られ、しっかりとした石門や水門もある。

学術的には七世紀、白村江（はくすきのえ）の戦いで敗れたときに、唐（とう）と新羅（しらぎ）の連合軍が日本列島へ侵攻してくるのに備えて建造された古代山城のうちのひとつと考えられているが、この鬼ノ城について記した資料はいっさい存在しない。

ここには、温羅（うら）という鬼が住んでいていたが、吉備津彦命と戦って敗北したという話もある。遺体は吉備津神社の御釜殿の下に埋められた。

鬼ノ城の巨大な石垣。鬼が住んでいたという伝説をもっている。

唐人石

プレ縄文の圧倒的に巨大な磐座遺跡

高知県南西端にある足摺半島の中央部に、謎の巨石遺跡が存在する。「唐人石」といい、近くには「唐人駄馬」と呼ばれる広場があって、ここには古代のストーンサークルもある。

唐人石最大の特徴は、石の大きさと迫力だ。木々が茂る斜面に、圧倒的に大きな岩が折り重なるように積まれている。とても人間の手によって積まれたものとは思えない。なかには整形したような痕跡が見られる岩もある。

また、巨石が重なった下側の空洞からは、縄文時代の遺物——黒曜石の矢じり——も発見されている。唐人駄馬でも、広場の造成中に黒曜石の矢じりが出土しているから、ストーンサークルと考え合わせると、両遺跡は縄文時代の聖地と拝殿だった可能性も高い。

巨大な岩が、これでもかというくらいに積み重なった唐人石。

トンカラリン

地中に張りめぐらされた謎のトンネル

熊本県和水(なごみ)町、有名な江田船山古墳と同じ清原大地にある謎の遺跡、それが「トンカラリン」だ。名前からして奇妙だが、遺跡内の「穴」に石を投げこむと「トンカラリン」と音がするからだとか、朝鮮語からきた名前だとかいわれている。しかし、本当のところはよくわかっていない。

「穴」と書いたが、地底に掘られたトンネル式の遺構で、全長四百六十メートル以上の地下隧道が、丘陵の斜面に沿って走っている。

内部を覗いてみると、自然の地割れの隙間や人工的に組まれた石組があり、途中には祭壇状の棚や石段も組まれている。したがってこれが人工物であることは、だれにも異論がないところだ。

問題は、この地下遺構がつくられた目的である。

これまでも、「古代の排水路説」「古代の信仰遺跡説」「朝鮮的信仰遺跡説」などが挙げられてきたが、どれもまだ定説には至っていない。一時は作家の故・松本清張が「卑弥呼の鬼道の祭祀場ではないか」と主張して、大きな話題になったこともある。

いずれにしても焦点は、排水路なのか宗教

施設なのかということになるわけだが、一時、熊本県教育委員会から「近世の排水路」という調査報告書が出され、排水路説で確定しかけたことがある。

だが、この地方を集中豪雨が襲った際、あまりトンカラリン内に水が流れなかったことから調査内容が見直され、結局、排水路にしては不都合な点が多すぎるということになった。現在では、近くの古墳からシャーマンのものらしき変形した頭蓋骨が発見されたことで、弥生時代の宗教施設ではないかという説が注目を集めている。

また、平成十三年の調査では「第二のトンカラリン」も発見されており、地中にはさらに複雑な迷路状の「トンカラリン」が眠っている可能性も出てきているのだ。

トンカラリンの内部。丁寧に石が積まれているのがわかる。

沖縄海底遺跡
ムーの時代に築かれた海中の巨大神殿跡

沖縄の海底には、謎の古代遺跡が眠っている――！

始まりは一九八六年、沖縄・与那国(よなぐに)島の南の海底で、ダイバーが巨大な「一枚岩」を発見したことだった。そのサイズは数百メートルという巨大なもので、あちらこちらに通路のような切れこみや、テラスのような平地、階段構造、柱穴のような加工の痕跡らしきものが見られたのだ。

それはまさに「海底神殿」といった佇まいであり、その後の沖縄海底遺跡における代表的な存在となったのである。

しかも――。

沖縄の海底遺跡はこれだけでなく、沖縄本島を中心にきわめて広範囲に及んでいた。

慶良間(けらま)諸島の海底では、ストーンサークルが多く見られる。もっとも巨大なものは、中心部の円形の石の直径が六メートル以上もあり、周囲には通路のような溝が広がっている。そして通路をたどっていった先には、祠や鏡岩のようなものが置かれている。

また、粟国(あぐに)島や宮古島、西表(いりおもて)島などの近海でも、同じように巨石を配した遺跡らしきものが見つかっている。

沖縄海底遺跡のうち、「神殿」と呼ばれるもののテラス部分。

　一方、沖縄本島では、北谷(ちゃたん)町砂辺沖に延々と続く城壁状の構造物や、円管状にえぐられた岩、高さ十メートルほどの階段ピラミッドの存在が確認されている。

　これら海底遺跡群については琉球大学の木村教授が調査を行い、人工物の可能性があると指摘しているのだが、学術的にはあくまでも自然の産物と見なされており、「遺跡」としては認められていないのが現状だ。

　ただ、沖縄については、およそ二万年前には九州から台湾、中国へとつながる弧状の陸地だったことが判明していて、それが海中に消えたのは一万二千年ほど前だとされる。つまり、海底遺跡が陸上でつくられた人工物だとすれば、一万二千年以上昔に造られた可能性もあるのだ。

●主要参考文献●『別冊歴史読本　特別増刊　よみがえる異端の神々』新人物往来社／『別冊歴史読本　特別増刊　日本史珍説奇説百科』新人物往来社／『別冊歴史読本　不思議ニッポンミステリー読本』新人物往来社／『別冊歴史読本　危険な歴史書「古史古伝」』新人物往来社／『超図解　竹内文書』徳間書店／『超図解　竹内文書　Ⅱ』徳間書店／『古事記』岩波文庫／『日本神話の謎』大和書房／『キリストは日本で死んでいる』たま出版／『日本超古代史が明かす神々の謎』日本文芸社／『謎の九鬼文書』徳間書店／『日本超古代文明のすべて』日本文芸社／『封印された闇の日本史 FILE』学研パブリッシング／『ブックスエソテリカ古神道の本』学研パブリッシング／月刊「ムー」各号／他

ムー SPECIAL

失われた日本の超古代文明 FILE

2015 年 2 月 10 日　第 1 刷発行

編者：歴史雑学探究倶楽部
発行人：鈴木昌子
編集人：長崎　有
企画編集：宍戸宏隆
発行所：株式会社　学研パブリッシング
　　〒 141-8412　東京都品川区西五反田 2-11-8
発売元：株式会社　学研マーケティング
　　〒 141-8415　東京都品川区西五反田 2-11-8
印刷所：岩岡印刷株式会社

この本に関する各種のお問い合わせは、次のところへご連絡ください。

【電話の場合】
●編集内容については　Tel 03-6431-1506（編集部直通）
●在庫、不良品（落丁、乱丁）については　Tel 03-6431-1201（販売部直通）

【文書の場合】
〒 141-8418　東京都品川区西五反田 2-11-8
学研お客様センター「失われた日本の超古代文明 FILE」係

この本以外の学研商品に関するお問い合わせは下記まで。
Tel 03-6431-1002 (学研お客様センター)